序

　　呼伦贝尔市的文化，最早可以追溯到二万年前的古扎赉诺尔人。随着时间的推移和历史的进步，自公元前200年左右至清朝期间，辽阔的呼伦贝尔大地又先后孕育了东胡、匈奴、鲜卑、室韦、蒙古等十几个游牧部族，被誉为"中国北方游牧民族成长的历史摇篮"。其中影响中国乃至世界发展史的民族有：公元一世纪拓跋鲜卑族"南迁大泽"，进而入主中原，建立了北魏王朝；公元十三世纪，成吉思汗统一蒙古高原，建立了横跨欧亚的蒙古帝国。在史学界，呼伦贝尔继长江文化、黄河文化之后，被历史学家们称之为"中华文明的第三源"。由此我们可以断言，呼伦贝尔大文化就是原生态文化的再现和演绎。抚今追昔，无论是古老的草原游牧文化、森林狩猎文化，还是成吉思汗鞍马文化，无不渗透着"逐水草丰美而居"、信仰萨满、崇拜长生天、追求天人合一理念的一种文化精神写照。只有民族的才是世界的，正是因为这些游牧民族一代又一代地保持并传承了原生态文化所独有的特质，才会在一次又一次的民族融合、征战、迁徙中被保存了下来，成为呼伦贝尔不可多得的宝贵财富。如今，从生活在呼伦贝尔市43个少数民族群众的生产生活中，依稀可以找到原生态文化的影子。2007年9月26日，经中国民协批准，正式命名新巴尔虎左旗为"中国蒙古族长调民歌之乡"，并建立"中国蒙古族文化保护基地"；命名陈巴尔虎旗为"中国那达慕之乡"；命名鄂温克旗为"中国鄂温克文化之乡"，并建立"中国北方少数民族传统服饰文化研究基地"。原生态文化就是呼伦贝尔大文化的魂和根。

　　从一般的认识来说，在中国古代史上，民族文化中的不少思想观念与精神因素对于巩固和延续封建的国家秩序起着重要的作用，因而受到自近代以来人们的强烈批判。然而，其中的精华部分所蕴涵的哲学意识、道德观念和艺术见解，不论是过去还是现在，又都在培育民族的优秀精神品格方面起着其他方式难以替代的重要作用。虽然从上世纪以来，中国已经发生文化转型的重大历史演进，传统的民族文化受到了严峻的挑战，大有以西方文化取代传统的民族文化的"革命"之势。但是，经过一个历史阶段的剧烈动荡和时间淘汰之后，多数人还是清醒地认为，传统的民族文化及其所包涵的民族精神，它的精华不仅凝结成了它的过去，也可以滋生出新的未来。尤其是其中所包涵的中华民族特有的优秀精神品质，对于这个民族的发展，对于我们国家的进步，都是不能排斥的。因而，它的国家意义、民族意义便得到了普遍认可。从文化本身来看，人们所主张的只有民族的才是世界的，保护民族文化的特色，才会使民族文化具有世界意义的观点，也同样意味着民族文化在任何一个国家都具有不可或缺的国家意义、民族意义、历史意义和现实意义。

　　这次编辑出版的《呼伦贝尔文化博览丛书》共计六册，分别是：博物馆篇、非物质文化遗产篇、民族服装服饰篇、文艺演出篇、北方少数民族岩画篇、餐饮篇。该书集中反映了呼伦贝尔市自2001年10月10日"撤盟设市"以来，特别是"十一五"期间，呼伦贝尔市旅游文化战线发生的巨大变化，以及取得的令人欣慰的成果。该书在编撰过程中得到了全市旅游文化战线上广大同仁的大力支持与帮助，不仅丰富了《呼伦贝尔文化博览丛书》的内容，也提高了该系列丛书的文化内涵与艺术价值、实用价值和收藏价值。这是一部值得一看，值得细细品味，值得认真研究的经典之作，真诚地希望大家通过阅读此书，对呼伦贝尔的民族文化有一个更加全面、更加深刻的了解。并留给人们作为永久的精神文化遗产。

　　诚然，该书在编撰过程中，由于受时间紧、任务重、要求高、内容多等诸多客观因素限制，不足与失误之处在所难免，敬请广大读者批评指正。

2011年3月9日

《呼伦贝尔文化博览丛书》

编辑委员会

主　任：金　昭
副主任：刘兆奎　吴宏杰　诺　敏
　　　　钱瑞霞　郭　苹
成　员：高　茹　乔　平　闫传佳
　　　　左　刚　王彭甲　刘青友
　　　　白劲松　郭晓环　肖海昕
　　　　于国良　张丽杰　张承红
　　　　谭福洁　王忠民　孙　莹
　　　　崔越领

编写组

主　编：金　昭
副主编：刘青友
编写人员：高　茹　乔　平　闫传佳　左　刚　王彭甲　刘青友　白劲松　郭晓环
　　　　莲　花　肖海昕　于国良　张丽杰　殷焕良　崔越领　李　慧　刘惠忠
　　　　张承军　张忠良　李　浩　宋文浩　王大钊　吕思义　赵　蕾　贺海丽
　　　　张春香　黄国庆　张桂芳　乌日图　白雪峰　白春梅　张永超　玲　丽
　　　　索日娅　何丽英　张国文　孟松涛　于洪宇　孙　磊　刘　博　关　艳
　　　　鄂　晶　何振华　杜国军　武峰强　贾福娟　孙志彬　孟　丽　山　丹
　　　　董慧敏　郭志英　朱新章　吴玉明　孙静佳　朱朝霞　马静龙　刘立东
　　　　伊　敏　朱秀杰　铁　钢　包青林　周　燕　哈　森　范　博　满　达
　　　　吴玉华　建　军　宏　雷　陈乃森　曹珂香　阿纳尔　包玉波　王　岩
　　　　金铭峰　郭旭光　讷荣芳　王艳梅　崔东波　吴　杰　白春英　杨玉琴
　　　　孙祖栋　王汉俊　邢　锐　孙志斌　马　健　关　荣　韩金玲　朱智卓
　　　　黄国庆　李光明　新苏优勒　乌仁高娃　敖登高娃　哈森其其格
　　　　阿拉木斯　乌丽娅苏　庆格勒图

（本排名不分先后）

目录

1. 民间文学 3
2. 传统音乐 5
3. 传统舞蹈 14
4. 曲艺 31
5. 传统体育、游艺与杂技 34
6. 传统美术 51
7. 传统技艺 63
8. 传统医药 98
9. 民俗 102

1.民间文学

由于时代久远，只能收集到老照片，来传承文化的精髓。

敖鲁古雅鄂温克族神话

在我国大兴安岭北部浩瀚的原始森林中，居住着一个以狩猎为生的民族——敖鲁古雅鄂温克狩猎民族。他们崇尚万物有灵，称熊为图腾，盛行对祖先的崇拜，是中国最后一个以饲养驯鹿为生的民族，多年来，敖鲁古雅鄂温克猎民常年居住在大兴安岭密林深处，靠狩猎和饲养驯鹿生活，被称为"中国最后的狩猎部落"。在三百多年的民族发展历史中，创造、发展和承载着中国最后一支狩猎民族的文明、历史和灿烂文化。这些都是敖鲁古雅鄂温克猎民长期从事狩猎生产的结晶，蕴涵着敖鲁古雅鄂温克狩猎民族珍贵的文化"基因"，也是构成他们世世代代赖以生存的文化生态的重要内容。敖鲁古雅鄂温克族有着许多关于人类起源、自然现象、远古英雄的神话。有关于民族来源、诸神、萨满、地方风物、人物等神话传说。在内容上同萨满教有着密切的联系，认为萨满在人类初期的进化中起了重要作用，它是鄂温克族先人的远古思维的反映，也表现了对于自然界的丰富想象和征服自然的美好愿望。敖鲁古雅鄂温克族同其他兄弟民族一样，在长期的生产斗争和社会实践中，创造了很多极富民族特色的民间文学。敖鲁古雅鄂温克族虽然没有自己的文字，但文学艺术还是相当丰富的，有神话、传说、故事、民歌、叙事诗、谚语和谜语等。鄂温克族的神话丰富多彩，颇具魅力，有人类、民族、姓氏起源的神话，有自然神话，有风物神话，有动物神话，如《鄂温克人的起源》、《狐狸姑娘》等。以独特的民族神话故事和传说记录下了本民族的族源、经济状况、生活习俗、信仰等，保持了原始的面貌和本民族在历史发展的进程中那种童年的天真，浪漫的情趣。富于幻想色彩的这些优美动人的神话，反映了鄂温克族先人在认识世界、改造自然、创造美好生活的朴素世界观和对美好生活的向往。

敖鲁古雅鄂温克族民间文学中，有相当数量的熊图腾神话、动物神话和人物类神话故事及传说。敖鲁古雅鄂温克狩猎民族神话，现在主要分布在根河市阿北林场、嘎拉雅林场、上央格气、得耳布尔二十四公里、金林林场、敖鲁古雅鄂温克族民族乡。敖鲁古雅鄂温克族丰富多彩的神话故事，至今仍以活形态在民间流传，保持了原始的面貌，成为后世文学创作取之不尽、用之不竭的题材源泉。他们的神话传说主要靠记忆讲述，大部分神话故事以及传说都是从祖辈那里听来和继承的，除了以散文故事的形式流传下来的，另外还有大量神话故事和传说在民间广为流传。

狐狸灵巧地从驯鹿皮下穿出去往回跑，狐狸在前面

遇到一只狼，狼看到高贵漂亮的狐狸，就询问：你⋯

2.传统音乐

敖鲁古雅鄂温克族民间音乐

在我国北方内蒙古根河市,大兴安岭的原始密林中至今仍生活着一个神秘的民族——敖鲁古雅鄂温克狩猎民族,他们长年居住在林海雪原深处,以打猎和饲养驯鹿为生,被称为中国最后的"狩猎部落"。在漫长的历史发展进程中,敖鲁古雅鄂温克族猎民用他们的辛勤劳动和智慧创造了丰富多彩、弥足珍贵的历史文化遗产,有着深厚的音乐文化传统。

祖祖辈辈以游猎为生的敖鲁古雅鄂温克族猎民,在生产生活之余,创作了大量的与森林有着密切关联的民歌,敖鲁古雅鄂温克族民间音乐、民歌内容很广,涉及生产劳动、社会交往、爱情婚姻、歌颂生活、抨击邪恶等内容。在众多的民歌中,有的有固定的词曲,有的根据不同场景、不同心境即兴填词,也有一些民歌可用于伴集体舞,在欢聚的篝火晚会、喜庆节日舞会上,歌唱会起到烘托气氛、统一舞蹈步调、交流情感的重要作用。敖鲁古雅鄂温克族民歌、音乐优美动听,歌词篇幅短小、通俗易懂,歌咏起来十分上口,歌与诗、舞浑然一体,是敖鲁古雅鄂温克族民歌、音乐的一个特色。

在生活中,由于敖鲁古雅鄂温克族和其他兄弟民族一样都十分注重礼俗,敖鲁古雅鄂温克族的民族礼俗也是他们歌曲内容里一个重要的组成部分。如:"兴安岭飞出响铃声,赶来了鄂温克花鹿群,驯鹿的姑娘眯眼笑啊,就像那山丹花开在桦树林,铜铃轻轻摇,鹿歌唱的亲,心爱的花鹿群,好日岱,好日岱……"。

巴尔虎长调民歌

巴尔虎草原上曾流传这样一句话：有蒙古包的地方就有马头琴声，有马头琴声的地方就有长调。千百年来，草原上的人们用长调歌唱生活，赞美自然，抒发胸怀，祈祝未来。2005年蒙古族长调被联合国教科文组织评为世界第三批非物质文化遗产，是我国56个民族文化宝库中的奇葩，是我国民族文化的盛事。巴尔虎长调是蒙古族长调中不可或缺的重要组成部分，同时又是蒙古民族文化艺术之魂。

巴尔虎长调民歌以原生态的方式对巴尔虎蒙古族文化作出了经典的诠释。这一具有游牧文化和地域文化特征的独特演唱形式，以它特有的语言述说着这个民族的历史，演绎着这个民族繁衍生息的足迹，它是听得到的民族和部族典籍，是穿越时空的历史脚步和民族的心音。新巴尔虎左旗被称为巴尔虎长调民歌的故乡，这里诞生了宝音德力格尔、那楚克道尔吉、塔布亥、巴达玛等著名的蒙古族长调民歌演唱家。他们口中那委婉的旋律，宽厚的唱腔，高亢的音域，就像蓝天上一只翱翔的雄鹰，马背上一段颠簸的传奇，牧人心中那一片缠绵的回忆，来自远古那一曲空灵的绝响征服、陶醉了很多人。保护、研究、挖掘巴尔虎长调工作是发展蒙古族长调重中之重，因此，巴尔虎长调以及整个草原音乐愈来愈受到不同民族、不同地域的越来越多的听众的关注和喜爱。

巴尔虎人在长期的游牧生产、生活中，创造了草原音乐文化的代表作——巴尔虎长调。流传在草原上的巴尔虎长调，经过巴尔虎人世代传唱，经过一代代优秀歌手的创新、发展已成为蒙古族长调中独具风格与魅力的一支奇葩。巴尔虎长调是蒙古族长调中不可或缺的重要组成部分，新巴尔虎左旗是蒙古族长调民歌的摇篮，是著名歌唱家、音乐教学家，国家一级演员宝音德力格尔的出生地。她是当代蒙古族长调艺术的奠基人之一，也是上个世纪我国蒙古族歌唱家中第一位获得金质奖章的著名歌唱家，从宝音德力格尔这一代人开始，长调才被搬上舞台，并走上了专业化的道路。是她精彩的演唱让世人了解到了长调民歌的魅力。巴尔虎长调几代歌手的成功，为祖国民族文化的发展做出了积极的贡献。巴尔虎长调民歌是无价之宝，是人类非物质文化遗产的重要组成部分。

歌唱家宝音德力格尔毛泽东同志接见著名

文化博览丛书·非遗卷

达斡尔族民歌"扎恩达勒"

"扎恩达勒"是达斡尔民歌的主要形式。曲调优美、高亢。除了一部分具有固定的歌词外均可在固定的曲调上根据当时的情景和自己的感受即兴填词歌唱,以反映生活现实,思想感情和愿望。

达斡尔族的"扎恩达勒"产生在遥远的年代,据史料记载,那时的人们在看到大自然的景色,在生产劳动中表达抒发心声,消除疲劳时唱出的一种曲调。"扎恩达勒"是在特定的环境下产生一种曲调,反映出每个人的心情,个性等演唱艺术。

"扎恩达勒"的内容多是反映历史事件,生产、生活、民族英雄事迹和悲欢离合的爱情,它在体裁上主要包括抒情和叙事两部分的牧歌、猎歌、渔歌、祝酒歌、情歌、婚礼歌、放排歌、摇篮曲等等。而在形式上则有独唱、对唱两种,其中一问一答的对歌形式居多。"扎恩达勒"分为有歌词和无歌词两种,如《心上人》、《德莫日根》等这类"扎恩达勒"曲调丰富,结构多变,附有"讷—耶、呢—耶"的对词,节拍略有自由处理,曲词也随着感情的变化而变化。

"扎恩达勒"是反映自己的情感、欢乐、吉祥的缩影。这是达斡尔民族的优秀传统的民间音乐,是古代的达斡尔民间音乐的遗存。

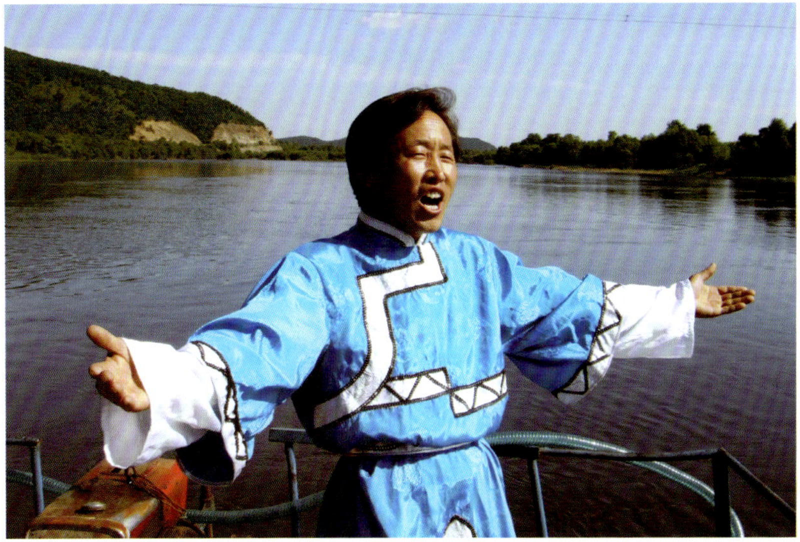

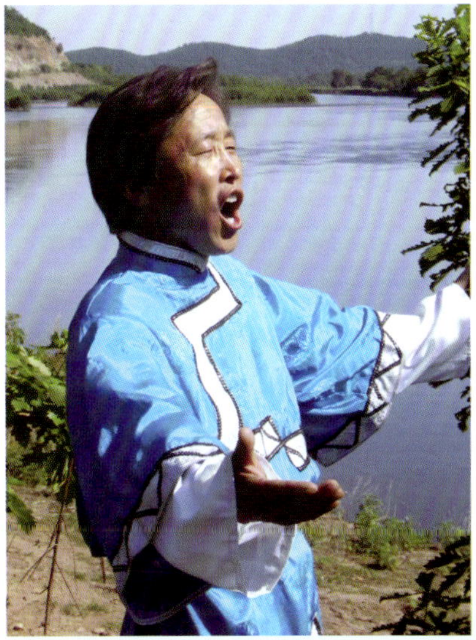

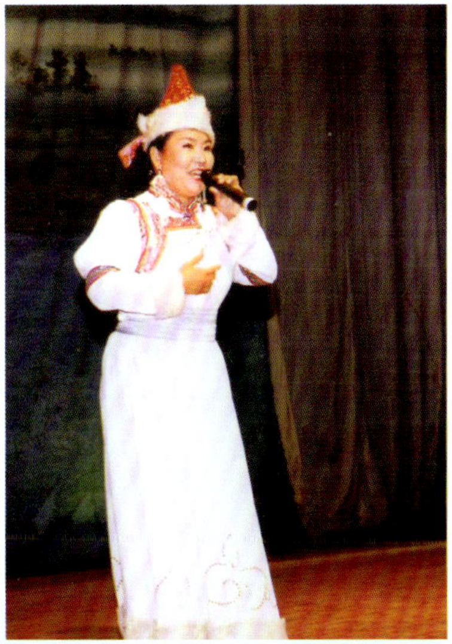

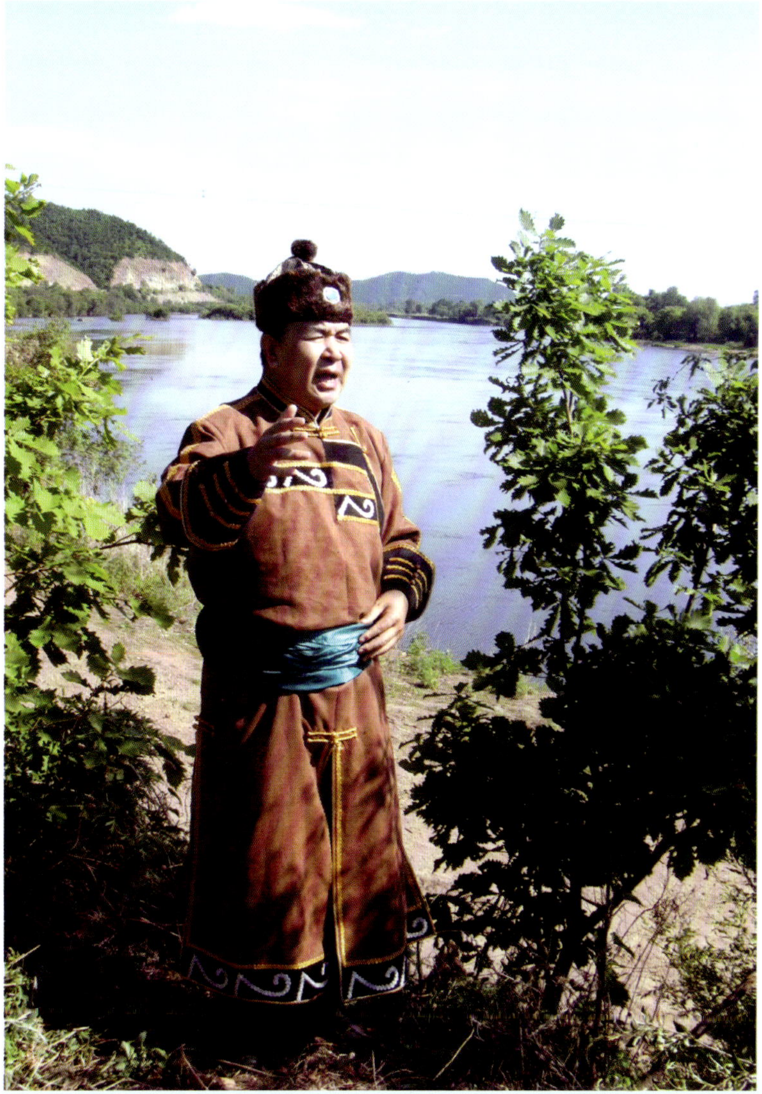

鄂温克叙事民歌

鄂温克叙事民歌《母鹿之歌》是鄂温克族传统民间歌曲,又名《狍子之歌》、《黄羊之歌》,是具有典型代表性的原生态长篇叙事民歌,也是充分体现了人类最为原始的环保意识的经典之作。

鄂温克民族是古老的森林民族,有自己的语言,没有文字,主要居住在大兴安岭和呼伦贝尔草原,在长期的生产生活实践中创造并积蓄了具有森林和草原特色的传统文化艺术,长篇叙事民歌《母鹿之歌》产生在遥远的狩猎时代,民歌,是鄂温克人表达精神世界的载体,也是传播人生哲理的教科书。自古以来,他们与森林、草原和群兽之间形成了一种亲密和谐的关系,并且以敏锐的洞察力和把自然界的活动当作题材,在没有文字的条件下,以口传心授的方式,创作并保留了极为珍贵的文化遗产——长篇叙事民歌"母鹿之歌"。

这是一首有着强烈反省意味的歌曲,传说在遥远的狩猎时代,有个叫"呼尔迪"的鄂温克族猎人,在一次打猎时射中了一只母鹿"呼木哈",母鹿带伤奔跑,有着丰富的狩猎经验的猎人跟踪母鹿的足迹找到了它,却看到了令人心酸的场面:奄奄一息的母鹿在努力安慰和嘱咐小鹿。尤其善良的母鹿和天真的小鹿之间催人泪下的对话,更是让猎人对自己的行为后悔不已,并且带上一种沉重的负罪感。正是这种负罪感使人类深深忏悔,从而造就了禁猎有孕或带幼崽的动物的习俗观念,最终产生了可持续发展的基本内涵。

这首长篇叙事民歌,充分体现着鄂温克人对自然、对生命无与伦比的理解和尊重,凝聚着古老狩猎民族的诚信、善良、智慧的民族精神及人格魅力。

长篇叙事民歌《母鹿之歌》歌曲旋律带着浓郁原始风格,富有鄂温克族游牧民歌的舒缓、优美、纯朴的特点,旋律如泣如诉,感人至极。

《母鹿之歌》作为狩猎文明的代表作,是一首有着强烈反省意味的歌曲。以人类的情感和拟人化的方式,通过动物母子之间生死离别的一段对话,从另一个角度揭示了生态平衡、珍爱生命的意义。

鄂伦春民歌"赞达仁"

鄂伦春赞达仁是古老的游猎民族创造的一种独特文化,这种文化受生态环境和生产生活方式的影响,具有浓郁的游猎民族文化特色,由于受长期游猎生活的影响,形成了旋律高亢刚健、悠扬跌宕的特点。使人听起来宛如歌手在雄伟的苍茫的林海间纵情歌唱,直抒胸臆。因此这类赞达仁的特点是字少腔长,节奏自由,经过世代相传,今天已成为中国民族音乐史和世界民族音乐史上独具特色的音乐文化。

鄂伦春族赞达仁和各兄弟民族的民歌一样,都是经过劳动人民的千锤百炼长期积淀形成的,结构跃然简单,然而表现内容却非常丰富,曲调特点基本上五声音阶、羽、宫、徵调式多见,曲调多数为音乐段。

鄂伦春族赞达仁随着这个民族放下猎枪走出森林和经济的发展社会的进步越来越难以传承发展,但它在人类历史上的影响是深远的。通过民族我们可以了解早期游猎民族的生产经济、生活方式和生活面貌。

达斡尔族"木库莲"

古老的"木库莲"是北方原始文化的结晶,是达斡尔祖先的特定历史时期条件下的精神和物质文明的直接产物,它独特的音乐样式具有奇异神秘的原始文化色彩。木库莲与达斡尔族形影相随一千多年。

"木库莲"是达斡尔族仅有的一种传统乐器,是用钢片制作的口含指弹口弦琴。用钢或铜制成约10厘米长的钳形,中间夹以薄片,尖端弯曲,演奏时左手握口弦琴尾端,置于唇齿之间,右手食指弹拨钢条之尖端部位震动时发出声音,用口唇或口腔共鸣控制曲调的变化。音量微弱,音域狭窄,上下音距不到5度。然而音色宛转悠长,最常见的是表现忧郁、思念、感伤和模仿鸟类、动物的叫声。

"木库莲"的制作用钢锉、锥子、锤子等单一工具手工打制而成,工时长而做工精细,目前莫旗就有一位工匠林和布在制作,并有少量的成品。

文化博览丛书·非遗卷

木库莲 1

原始的木库莲外盒

精美的木库莲外盒

达斡尔族民间乐器木库莲 1

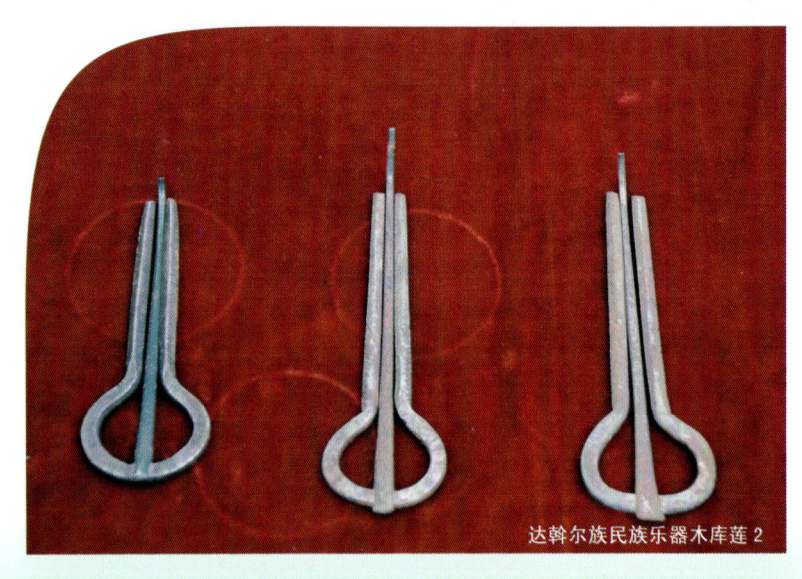

达斡尔族民族乐器木库莲 2

3.传统舞蹈

萨满舞是萨满（即巫师）在祈神、祭祀、驱邪、治病等活动中表演的舞蹈，俗称"跳大神"。它是原始狩猎、渔猎生活和图腾崇拜的产物，属于图腾崇拜、万物有灵宗教观念的原始舞蹈。从现在萨满的神衣（服饰）、法器（道具）、跳神（舞蹈表演）中，都可以看到原始氏族生活与自然崇拜、图腾崇拜、祖先崇拜的痕迹和原始民族文化的遗存。敖鲁古雅鄂温克族萨满的服饰上，都要缀以兽骨、兽牙等；作为法器的抓鼓，其鼓面和鼓槌要蒙以兽皮；表演中多模拟动物的形象姿态。

萨满一词原意即为因兴奋而狂舞者，后衍化为萨满教巫师的称谓。萨满舞表现出原始宗教信奉万物有灵和图腾崇拜的内涵，舞蹈时，萨满服装饰以兽骨、兽牙，所执抓鼓既是法器又是伴奏乐器，有的头戴鹿角帽、熊头帽，大都模拟野兽的动作。萨满舞在祷词、咒语、吟唱和鼓声中进行，充满神秘色彩，神态、举止则表现各种神灵附体，主要舞段在表现神附体时跳，这时鼓声急促，舞蹈激烈。萨满教的中心思想是万物有灵，认为世界上的任何东西都有自己的主宰神灵，萨满的义务就是充当沟通众神灵和人之间关系的使者。萨满舞在剧烈的念唱活动中，达到众神附身的境地，得到神的启示后，萨满苏醒解释病因，最后执神鼓跳神舞，伴随各种厮杀的动作和强烈的叫喊，以驱赶邪魔，达到治病的目的。萨满的一切神功，都决定于所谓神的指点，这只有萨满个人才意会得到。萨满在狩猎活动中也扮演着很重要的角色，在狩猎之前萨满通

鄂温克萨满舞

过萨满舞祈祷神灵来赋予猎人以神力或者为猎人指明狩猎方向来帮助猎民狩猎，萨满舞（跳神）的表演形式一般分为祝祷、请神、神附体、送神等部分。萨满舞是我国原始萨满教一种祭祀性的舞蹈，作为祈神护佑的一种巫术活动，由男女巫师分别表演。鄂温克萨满舞的基本特点为手击皮鼓(即抓鼓)，腰部的甩劲不大，步伐多为走步、回旋和蹦跳几种。舞时，边击鼓边念唱祷词或咒词，是一种充满神秘色彩的民族民俗文化。

达斡尔族舞蹈"鲁日格勒"

"鲁日格勒"是达斡尔族民间舞蹈,具有悠久的历史,它因地而异,有"阿罕伯"、"郎突达贝"、"哈库麦"、"哈根麦勒格"等几种叫法。据考证"鲁日格勒"其含义为"燃烧"或"兴旺",达语"鲁日格勒贝"引申为"跳起来吧"之意,因为表演时边舞边喊"罕伯、罕伯",所以又有"罕伯舞"之称。

历史上达斡尔族主要是以狩猎为主,兼营畜牧业、农业。几百年前,达斡尔族在黑龙江省流域依山傍水以狩猎为生,并种植少量的农作物,还季节性地从事林、牧、渔业,妇女在家种田、栽叶烟、挤牛奶、采柳蒿芽、野果等。达斡尔族历来是一个能歌善舞的民族。"鲁日格勒"以群舞为主,上身和手臂的动作丰富,脚下以侧滑步为基本步伐。舞蹈开始时先唱徐缓轻柔的舞歌,随着歌声舞蹈者轻柔地舞起来,此时旁观者可任意加入跟随起舞,逐渐舞蹈气氛热烈起来,节奏加快。交叉变换位置,舞者们齐呼"哲黑哲"、"德乎达"等简短风趣的呼号,脚下踏出有力的节拍,舞蹈渐入高潮,"鲁日格勒"来源于群众的生产生活,因此舞蹈中有采集、提水、捕鱼、飞翔、禽类嬉闹的形象,达斡尔族人民以这种舞蹈形式抒发心声,调整精神,欢庆丰收。

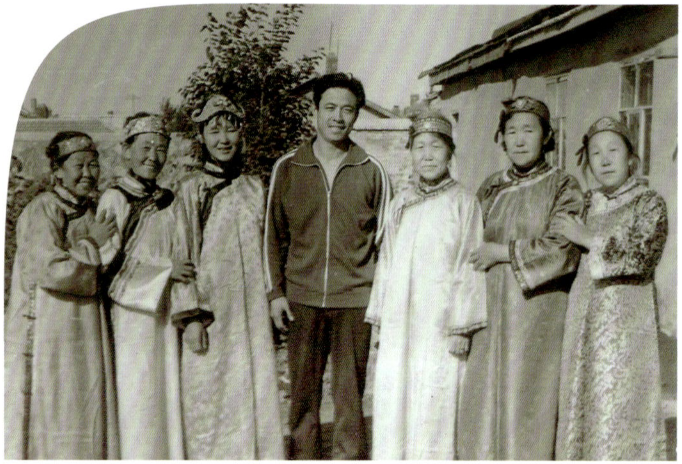

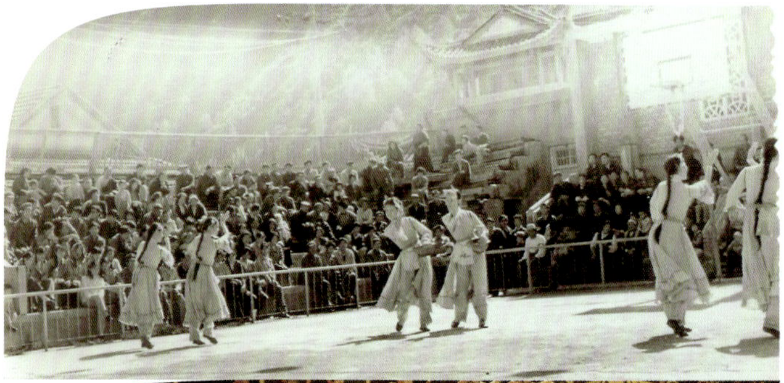

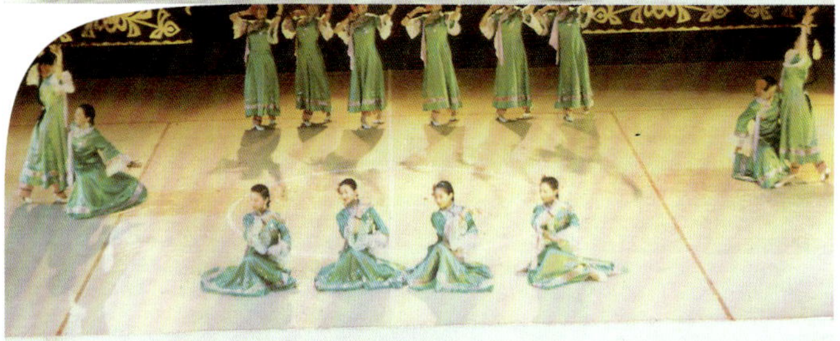

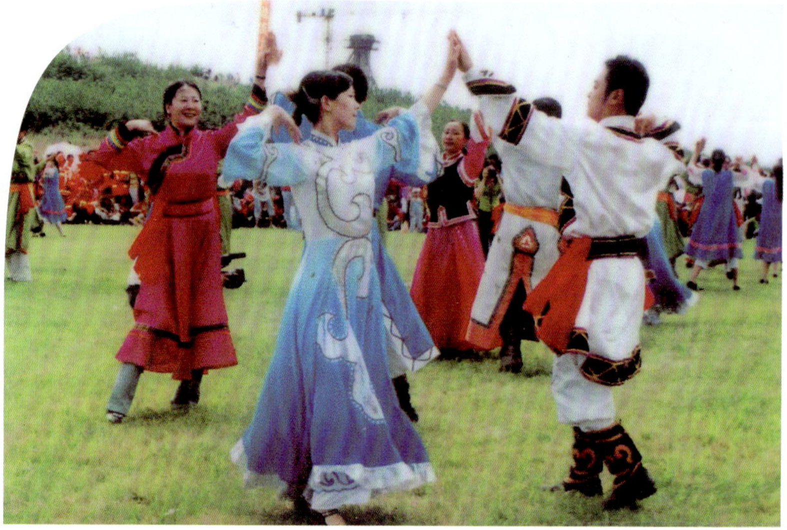

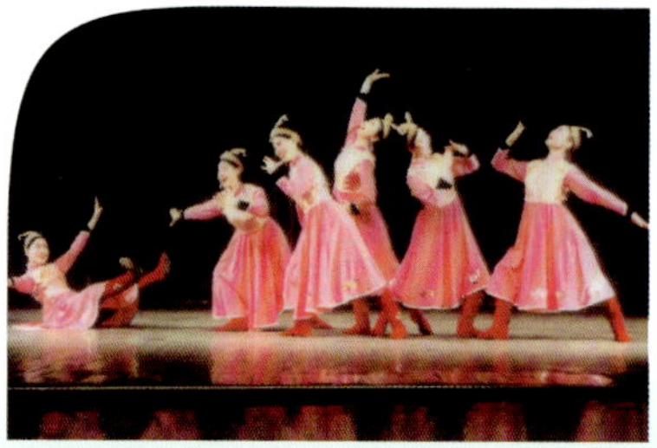

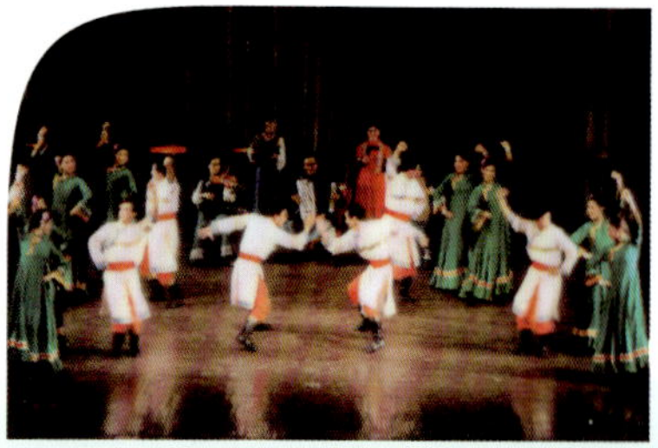

文化博览丛书·非遗卷

文化博览丛书·非遗卷

文化博览丛书·非遗卷

文化博览丛书·非遗卷

文化博览丛书·非遗卷

文化博览丛书·非遗卷

文化博览丛书·非遗卷

俄罗斯族民间舞蹈

中国俄罗斯民族民间舞蹈，自形成以来已有近百年的历史。经过漫长的流传和发展，形成了独特的具有浓烈的民族特色的舞蹈种类。中国俄罗斯民族——华俄后裔，是汉、俄结合的混血儿民族，是特殊的地理和历史环境下产生的、新的、独特的民族群体。在中国这个民族大家庭中，这一民族的独特性也是很典型的，而伴着这一民族所产生的民俗文化也必然是独特的，中国俄罗斯民族民间舞蹈所体现的，正是这一民族独特性文化的典型。

俄罗斯民族是一个能歌善舞的民族。在日常的生活劳作之余，随时欢歌起舞，舞蹈以单人舞、双人舞形式出现居多。当一对对男女多人在一起欢聚时，又形成了群舞。在双人舞和群舞中都是男女结伴跳，群舞中上身的动作有拍手和拉手，动作幅度不大，脚下的动作多以节奏明快的、打出各种花点的、以一步一垫跳跃式旋转居多。单人舞动作幅度较大，蹲起动作、脚下花样繁多，尽兴时，男的手持帽子抛向空中，女的手拎方巾翩翩起舞。男的有擦鞋的动作，摇车的动作等。在跳单人舞时，即兴加入幽默、诙谐、讽刺、滑稽性的歌词，歌词内容即兴表达，看到什么歌唱什么。舞蹈音乐伴奏早期以口琴、扣子琴伴奏居多，八十年代后，加入手风琴伴奏。舞曲以节奏明快、跳跃感强的舞曲居多。俄罗斯民族民间舞蹈是一种具有典型浓郁民族风格的民间舞蹈，其表现出的形式有集体舞、双人舞、单人舞。主要分布在额尔古纳市拉布大林街道办事处、黑山头镇、室韦俄罗斯民族乡等地。

额尔古纳市华俄后裔和它的民俗文化形成的背景大约可追溯到十七世纪末，《中俄尼布楚议界条约》签订之前，中俄边界特别是外兴安岭、贝加尔湖及额尔古纳河流域一带，没有较明确的分界线，边境管理也基本上处于无政府状态，中俄双方边民可自由往来，1884年前后，华俄联姻已悄然开始，然而真正大批结合并形成华俄后裔群体是在清末民初的三、四十年间，有上千名妇女嫁给中国人，这在当时也形成了一种潮流，这些华俄联姻家庭的后代，便被统称为"华俄后裔"，俗称华俄"混血儿"。由此也产生了双重文化，产生了独特的华俄后裔文化结晶——俄罗斯民族民间舞蹈。

俄罗斯民族民间舞蹈从开始到现在已有百年历史，在整个额尔古纳市居住的俄罗斯族中占有重要的地位，是俄罗斯民族欢乐、美好、幸福生活的缩影，也是他们抒发情感、结交朋友、崇尚美好未来的重要表达方式，是额尔古纳市优秀的、传统的民间舞蹈文化的重要组成部分，是近百年来中国俄罗斯民族民间舞蹈的遗存。舞蹈所表现的丰富内涵和基本特征，以及近百年历史发展渊源，这在中国其它民间舞蹈中实属罕见，独一无二，在世界舞蹈史上具有重要的价值。

八十年代初期额尔古纳市群文工作者在收集少数民族民间舞蹈集成时，对其进行了挖掘整理、收集，规范整理出八套俄罗斯民族民间广场舞蹈（俄译音：嘎巴乔克、灭斜斯、布卜力哈、累撒、那林琴克、嘎罗卜其卡、巴达国娜、奥吉诺其卡），表演的队伍宏大，表演者身着艳丽的俄罗斯民族服饰，气氛热烈奔放，有很强的震撼力，成为额尔古纳市重大节日庆典一道亮丽的风景线，对打造额尔古纳市特色文化、丰富各族人民群众的文化生活，提高各民族人民群众的素质，构建和谐社会都具有重要价值。这也是我市群文工作者传承、弘扬民族传统文化做出的一项重要贡献。

俄罗斯民族民间舞蹈发展到今天，已成为我市各民族节日庆典、聚会等必不可少的一种文化娱乐形式。

千年流淌的额尔古纳河，孕育这片广阔无垠的土地，在这片神奇的土地上发生过无数感人至深、悲欢离合的故事。在历史的长河中，这里是蒙古族的发祥地，是一代天骄成吉思汗走向世界的地方。在十八世纪末至十九世纪初期，在日常的生活劳作之余随时欢歌起舞，舞蹈以双人舞、单人舞的形式出现居多，当一对对男女多人在一起欢聚时又形成了群舞，在双人舞和群舞中都是男女结伴跳。群舞中上身的动作有拍手和拉手，动作的幅度不大，脚下的动作多以节奏明快地打出各种花点，以一步一垫、跳跃式的旋转居多，单人舞动作幅度较大，蹲起动作、脚下动作繁多，尽兴时，男的手持帽子抛向空中，女的手拎方巾翩翩起舞，男的做擦鞋的动作，摇车的动作等，在跳单人舞蹈时，即加入幽默、诙谐、讽刺、滑稽性的歌词，词的内容即兴表达，看到什么歌唱什么。舞蹈音乐伴奏早期以口琴、扣子琴伴奏为主。八十年代后，加入手风琴伴奏。舞曲以节奏明快，跳跃感强的居多。

鄂温克族民间舞蹈（阿罕拜）

鄂温克族民族民间舞蹈是鄂温克民族在长期生产和生活实践中创造的丰富多彩的民间文化艺术，其中具有浓郁的民族特点和地区特色的民间舞蹈，是鄂温克族民间文化遗产的重要组成部分。它历史悠久、源远流长、代代相传，深受鄂温克族人民的喜爱。鄂温克族民间舞蹈主要流传在鄂温克族自治旗的辉苏木（乡），伊敏苏木（乡）和阿荣旗的查巴奇鄂温克民族乡及根河市敖鲁古雅鄂温克族猎民乡。鄂温克人的祖先，曾居住在贝加尔湖沿岸和加尔湖以东至黑龙江上游的广大山林地区从事狩猎与捕鱼生产，吃兽肉、穿兽皮、聚木为屋。在原始的狩猎生产中，"围猎"是他们的一种狩猎方法，为了生存，每隔十天左右就进行一次。围猎时几个村联合将小山丘用栅栏围住，在缺口处下套子或挖好陷阱，由"阿围达"（围猎首领）指挥，全体出动，以敲盆、呐喊、跺脚来轰赶野兽。这种用双脚用力跺地的自然动态，久而久之就形成了鄂温克族民间舞蹈最基本的步法"双脚拍地步"。

鄂温克族在历史上曾不断的迁徙，形成了大分散小聚居的状态，从而使各聚居之间隔绝，由于自然环境的改变，其经济结构、生产方式、生活习俗及民族风情都产生了变化，致使各聚居区的民间舞蹈从内容、形式、风格特点及动作韵律都不尽相同。尤以鄂温克族索伦部落的"阿罕拜"舞最具代表性。"阿罕拜"（热闹之意），又称"努日格日"或"努给勒"，是妇女们所喜爱的群众自娱性舞蹈，人数不限，二人一组，面对面站横排、竖排都可以。牧业生产是这里鄂温克族的主要生产方式，在辽阔的草原上骑马放牧，马背上下起伏、颠簸的动态形成了"阿罕拜"舞蹈的基本动律。

文化博览丛书·非遗卷

29

哲仁嘿

"哲仁嘿"是带有游戏性质的民间集体舞蹈,它曾流传于内蒙古自治区呼伦贝尔市新巴尔虎左旗和新巴尔虎右旗,现近于失传。1985年,盟、旗民族民间舞蹈集成工作人员深入新巴尔虎左旗收集蒙古族民间舞蹈时,前去拜访当地民间艺人尤木吉德老人,当时,年迈的老人激动的跳起了巴尔虎民族民间舞蹈——哲仁嘿,并让大家一起学着跳,最后将此舞蹈认真的传授给了大家,以使哲仁嘿舞蹈流传至今。

"哲仁嘿"舞蹈是巴尔虎蒙古人传统的民间舞蹈,"哲日"汉译是"黄羊"之意,"哲仁嘿"即是"跳黄羊圈"的意思。巴尔虎人十分爱戴黄羊,并视之为吉祥之物。"哲仁嘿"舞蹈就是人们从黄羊结圈这一启示中而产生的。

"哲仁嘿"舞蹈风格特点的形成,是源于蒙古民族自古以来的游牧业生产及生活方式。辽阔草原这一特定的生活环境和厚重的文化底蕴给了这里的人们太多的文艺天赋和独特的民俗风情,进而形成了具有浓厚草原气息的民间文化。"哲仁嘿"就是其中最具代表性的民间文艺作品。巴尔虎蒙古人在盛大的集会上都会跳起"哲仁嘿",舞蹈和游戏紧密结合,具有娱乐性和载歌载舞的特点。舞蹈的内容主要反映了人与人之间的团结友爱和巴尔虎人世世代代对美好生活的向往。巴尔虎蒙古人性格开朗、诚实耿直,在表现其舞蹈艺术风格上多为粗犷、质朴、豪放。

"哲仁嘿"音乐是具有浓郁草原特色的蒙古族长调歌曲,其声调悠扬、辽阔、节奏徐缓自如,舞者在自由散漫的音乐中脚步无固定,不受音乐节奏的限制,歌词内容简单,表现了人们在自娱时的欢乐情绪。

"哲仁嘿"舞蹈现在已经成为新巴尔虎左旗主要的广场舞之一,是文化遗产不可缺少的一部分。

4. 曲艺

巴尔虎史诗反映了民族社会的族外婚现象和民族部落之间的征战，是蒙古族史诗最古老的作品之一。巴尔虎史诗在很大程度上保留着原始蒙古英雄史诗的基本特征，反映了氏族社会的族外婚现象和民族部落之间的征战，同时巴尔虎蒙古民族说唱英雄史诗是一种古老的音乐方式，形式多样的传唱方式吸引了很多人，并传唱至今。锡林嘎拉珠巴特尔本人是巴尔虎蒙古族"灰色乐格哈拉"的人，他用过的弓弦曾在我旗嘎拉布尔苏木牧民家中保藏过，但在文化大革命期间受到破坏，此弓弦在文化大革命中丢失了，因此，我们

巴尔虎英雄史诗

巴尔虎人非常珍惜锡林嘎拉珠巴特尔的英雄事实，通过编辑、出版英雄史诗及说唱英雄史诗等方法，使巴尔虎英雄史诗进一步得到传承和弘扬，但随着经济社会的快速发展，了解和传唱巴尔虎史诗的人越来越少，已出现逐渐失去其赖以存在的自然环境，处于濒危的状况。因此，巴尔虎史诗的抢救与保护迫在眉睫，抢救与保护巴尔虎史诗永远是第一位的。主要内容以围绕英雄的家庭所展开的关于住宅、饮食、服装、畜牧、狩猎等的描绘；围绕英雄求婚娶亲所展开的婚俗礼仪的描绘；围绕英雄征战展开的对战马、鞍具、武器、盔甲等的描绘，都具有民俗学的意义。巴尔虎史诗其情节简单、结构严密、篇幅较短、人物不多，没有多少曲折的进展过程，一般情况下不超过两千行诗左右，主要描写的是人与个人之间的搏斗或家庭与家庭之间的斗争，其形式以诗为主，有的地方以散文连接。主人公去远方迎亲，路上与各种敌人作战；镇压掠走英雄夫人的怪物；主人不去远方迎亲，他不在家时家园被敌人焚毁，财产和双亲被敌人掠走，主人不前去消灭敌人；每次分别战胜每个或多个怪物。

达斡尔"乌春"

"乌春"是达斡尔族民间的一种说唱艺术,是具有典型代表性的民间说唱艺术,它因地而异,有叫"乌钦",巴特罕地区的达斡尔族人称为"乌春"。

达斡尔族的"乌春"产生在遥远的年代,据史料记载,那时人们在春意朦胧的夜里,聚集在村头的草坪上,或在劳动的田间地头,叙述爱情、生产生活的故事,表达喜、怒、哀、乐抒发心声,调整精神,消除疲劳等。历史上,达斡尔族主要是以狩猎为主,兼营畜牧业、农业,几百年前,达斡尔族在黑龙江流域,依山傍水种植少量的农作物,并季节性地从事林、牧、渔等业。他们时常在一起说唱"乌春",而"乌春"就是在特定环境下产生的一种叙事性的说唱艺术。

达斡尔族是能歌善舞的民族,"乌春"是达斡尔族流行较为广泛的一种吟咏的民间叙事歌曲,题材多为描述劳动生活寓言、故事、风俗习惯、爱情传说、教训子女、从事征战等内容,特别是反映近代达斡尔族农民起义的长篇乌春——《少郎与贷岱夫》更为达斡尔人民所喜欢。"乌春"音乐富于叙事性,紧密结合语言特点,根据描述事情的进展而变化音乐,其曲调中也有一些来自"扎恩达勒"和"鲁日格勒"歌曲,此前演唱"乌春"无伴奏。主要以说唱为主。现在"乌春"也搬上舞台并且有乐队伴奏。

5.传统体育、游艺与杂技

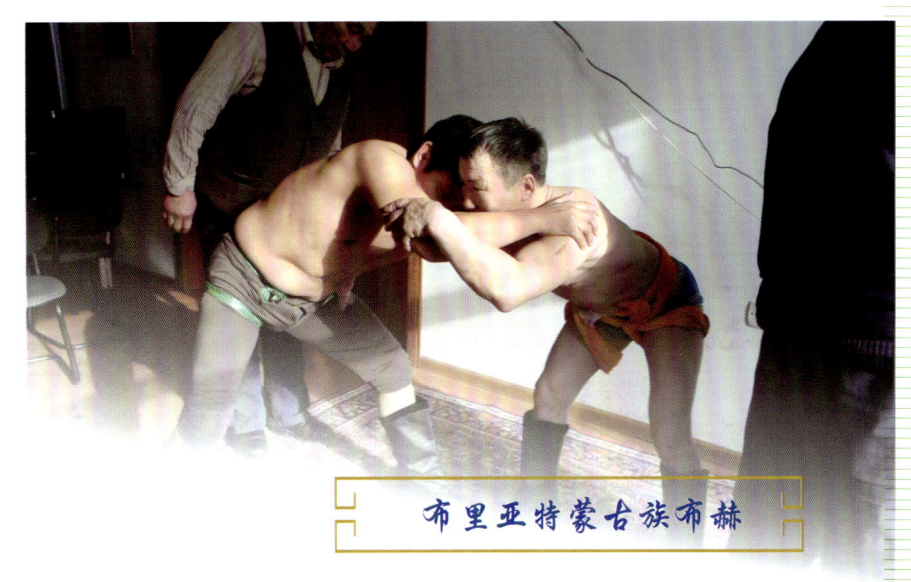

布里亚特蒙古族布赫

布里亚特蒙古人是蒙古民族的古老部落。12-13世纪他们生活在贝加尔湖周边，以牧业和猎业为主。《蒙古秘史》中，称"不里牙惕"人为林中百姓。他们世代居住在从贝加湖到兴安岭，包括色楞格河，安加拉河，鄂嫩河，额尔古纳河广大领域里。

布里亚特布赫属于自由式摔跤。上身赤裸、下身短裤、用1.5米腰带扎在短裤上，大腿捆绑成达尤，脚蹬布里亚特靴子（历史记载赤脚摔跤）。布里亚特布赫和蒙古族博克的差异之处在于选手可以用手臂抱对手的下肢、还可以直接举起对手通过背部把对方摔倒在地上。它和现在世界自由式摔跤有着很多类似点。

让年轻一代了解并传承布里亚特蒙古族布赫有着不可磨灭的意义，布里亚特蒙古族布赫承载着传承布里亚特蒙古族文化和传统习俗的特点。

布里亚特蒙古族布赫是蒙古族文化的重要组成部分之一，有着浓厚的文化内涵和价值，从布赫运动可以反映布里亚特蒙古人在不同地域、不同时代、不同部落的生活习俗，对布里亚特蒙古族布赫的研究与保护，可以从历史、地理环境、自身传统、文化交流等多角去审视、了解、追寻布里亚特蒙古部落的脉络。

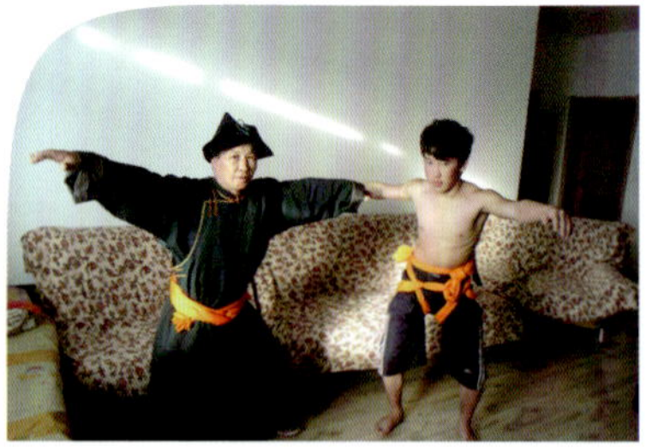
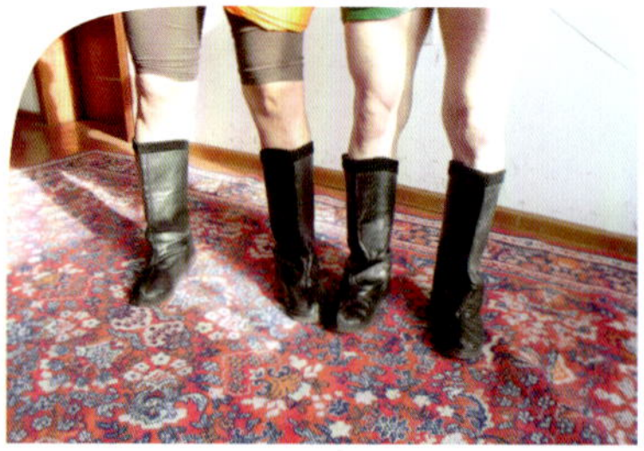
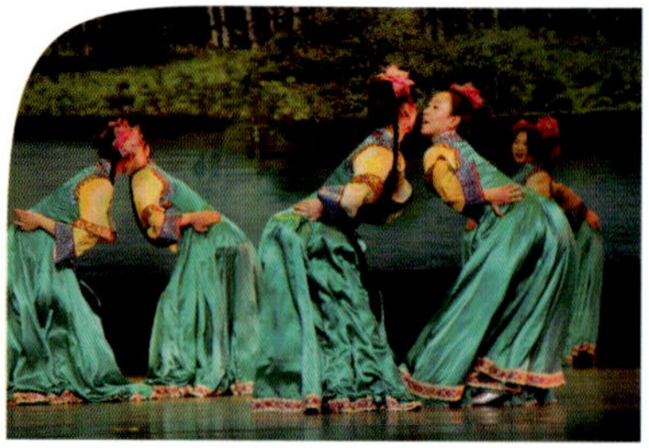
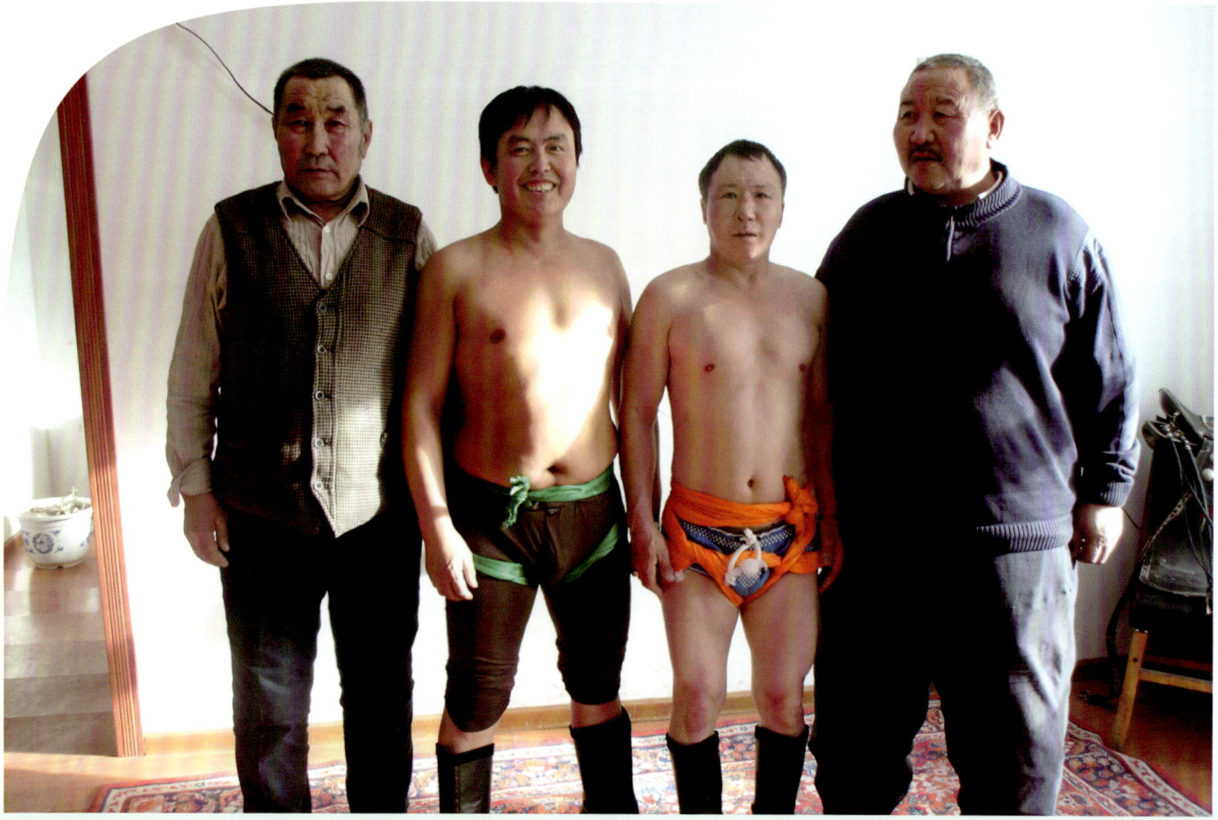
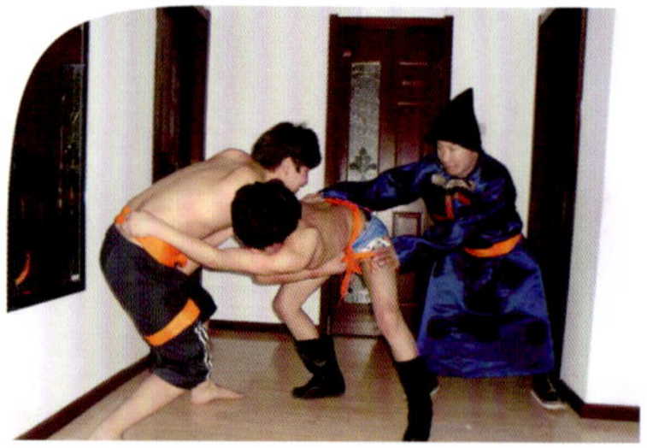
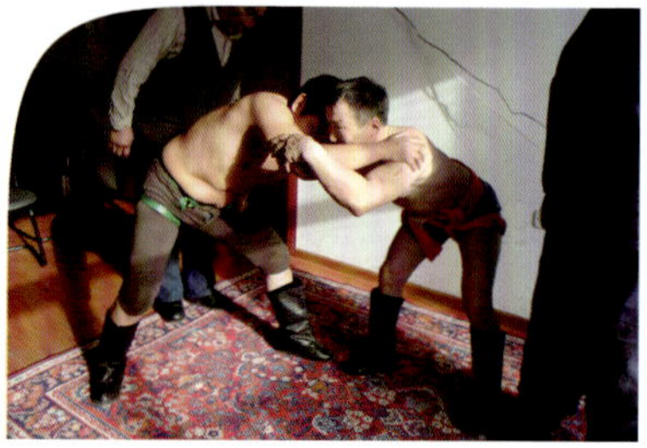
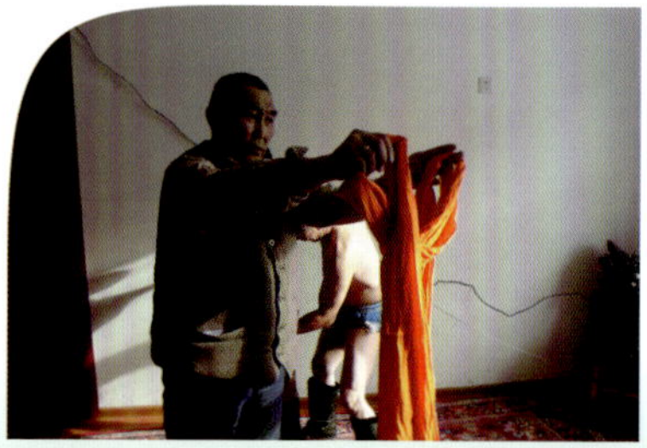

达斡尔扳棍赛

中国的达斡尔族同胞在长期的战斗和生产生活中，逐步形成了较为独特的历史文化，一些珍贵的达斡尔族传统体育竞技项目，也得到了承袭和发展。这些竞技项目充满了独特的文化内涵，规则朴实、简单，技法灵活多样，观赏性强，不失为少数民族传统体育文化的瑰宝。极大地丰富了少数民族传统体育运动，经过挖掘、完善极具推广普及价值。扳棍项目就是其中之一。

扳棍项目形成已有近千年的历史，对场地器材的要求非常简单，只要有一小块平地和一根二尺长的光滑木棍即可。在达斡尔族传统节日进行体育比赛活动时，都要进行扳棍项目的表演活动，比赛的双方端坐地上，双手交错握住木棍、脚掌相对，双腿并拢并蹬直，裁判员哨响后比赛双方开始发力，紧蹬双腿握紧木棍争拉双方，一方臀部离地或曲膝歪倒即为负。比赛通常采用三局两胜淘汰制，分男女两个组别和五个重量级进行。扳棍项目是达斡尔族保留下来的为数不多的传统体育文化，对丰富和发展少数民族体育运动，弘扬少数民族体育文化具有重要的历史价值。

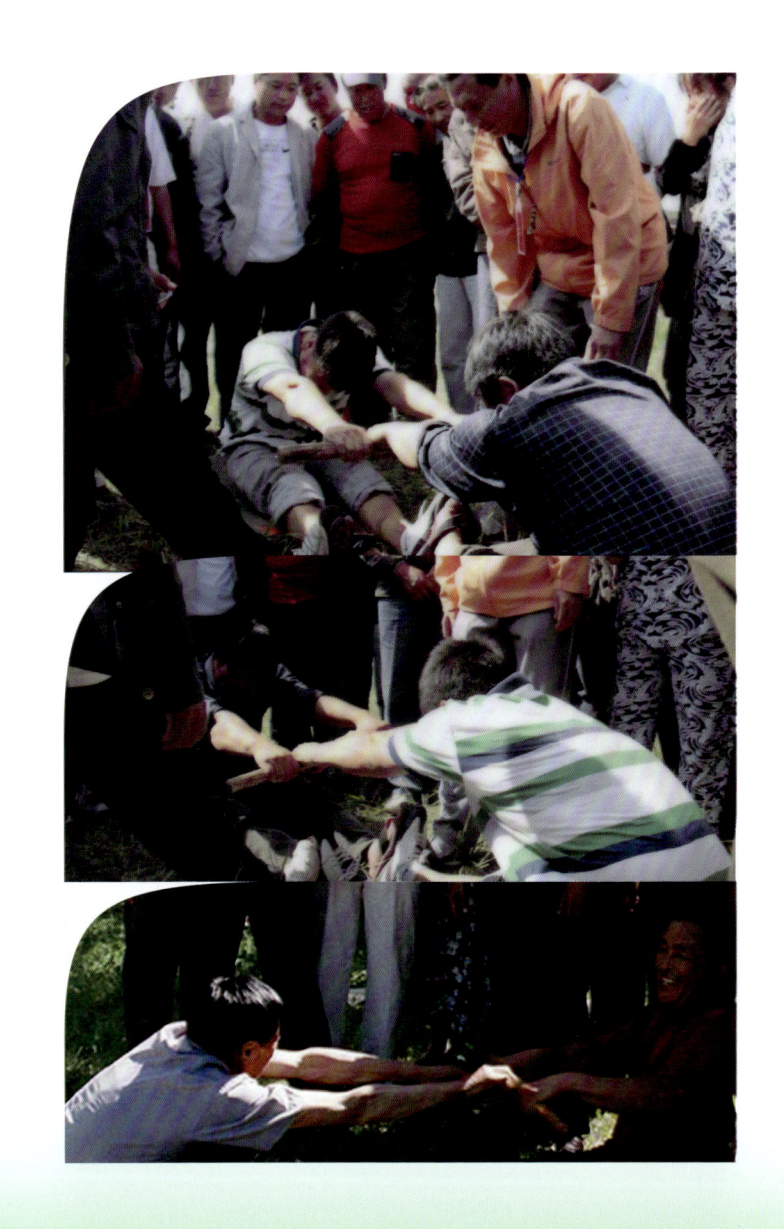

文化博览丛书·非遗卷

达斡尔颈力赛

颈力赛传统上主要使用腰带，现在使用布带并在接触颈部的位置垫上保护垫，总之颈力运动使用的器材，选料广泛且易获得，替代品随意选取。随着项目的发展，将舒服更好的器材与之匹配。过去是以一种民间游戏的方式在达斡尔族中世代相传，随着保护意识的增强，一些有着强烈历史责任感和民族自豪感的人，自觉承担起挖掘、抢救、弘扬、保护的责任，逐步形成传承谱系。

颈力运动是达斡尔族民间传统游戏。进行颈力赛的双方，端坐地上伸直双腿，脚掌相对各自叉腰或双手放在腿上。用布腰带作环套，套在双方颈的后部，裁判员哨响后争拉对方，直至一方被拉起或屈膝歪倒，被拉起或歪倒的一方为负。

颈力项目是达斡尔族同胞最喜欢的传统体育项目，因为是动作技术难度，娱乐性强，安全性高，民族文化内涵丰富，无论胜负人们都会开心一笑，娱乐性极强。具有广泛的群众性。

文化博览丛书·非遗卷

达斡尔摔跤

达斡尔族摔跤项目形成已有近千年的历史，对场地、器材的要求非常简单，只要有一块平坦的地方和一条腰带即可，摔跤是达斡尔人最喜爱和普及的体育活动之一，每当斡包会或聚众比武时，必有摔跤项目，优秀摔跤手在达斡尔人中有很高的地位，被视为英雄。摔跤手在达斡尔语中被称为"布库"。在达斡尔本民族民间传说中，有不少描述"布库"的机智勇敢和坚强不屈的英雄品德，摔跤手没有特殊的装束，只是腰间系一宽布带，摔跤时双方直握腰带后即可开摔，倒地者为败，一人均可上场，经与多人较量而不败者为优胜，可赐以"布库"之誉。少年儿童摔跤，有他们自己的章法，把参赛者分成两队排列，首先由排头对阵倒地者下场，其队内下一名上场与对方胜者较量，直到把一方的全部队员摔倒为止。

达斡尔族传统竞技"曲棍球"

达斡尔族的曲棍球运动历史悠久，相传是辽代契丹人"击鞠"运动的继承和沿袭。目前，达斡尔传统曲棍球已列入第一批国家级非物质文化遗产项目。

达斡尔把曲棍球称作"贝阔"，旧式的球棍是选择根弯曲，树干挺直坚韧的柞木削磨加工而成，球称之为"朴列"，大小如棒球，分木球、毛球、火球3种，偶尔也使用骨球，木球用杏树根、柞树根削磨成圆形。毛球用动物毛团制成。火球用桦树上长的已硬化的白菌制成，球上穿通数孔，注入松明，使其点燃。

达斡尔传统曲棍球多在重大节日、集会，以氏族、村屯、街道为单位进行比赛，胜者倍享殊荣，比赛场地一般选在平坦的草地或村中开阔的地方，场地大小没有统一规定，两端各设一个球门，两队人数相等即可，以打进对方球门多者为胜，为保证球员的安全，逐渐形成了一些比赛规则，不得从左侧抢球和击球，不得用手接触球和用脚踩踢球，不得用球棍打人和绊人等，打火球的比赛是在夜间进行。

随着现代曲棍球的发展，莫旗在1975年正式成立了业余曲棍球队，在1978年—2004年间，代表自治区获得6次全国冠军。有174人次代表中国队参加国际比赛，1989年国家体委命名莫旗为"曲棍球之乡"。

鄂温克族抢枢

"抢枢"（鄂温克语"枢体能"）是鄂温克民族同自然界搏击中流传下来的一项古老的民间传统体育竞技游戏项目，具有一定的思想性、教育性和娱乐性。

"抢枢"又叫"枢体能"。是鄂温克人在漫长的生产、生活中同自然界搏斗中流传下来的传统竞技体育。器材有一根枢和一套勒勒车的轮轴。双方队员必须身着特制的具有鲜明特色的民族服装。这项运动有男队、女队和男女混合队三种，古老的比赛场地以草坪为主，现设计的新场地平面图犹如雄鹰展翅，场地头部像一颗星，尾部像圆月。双方队员五人以上。比赛时，先将"枢"埋在指定地点，双方谁先找到"枢"，便要喊一声"枢"，随即展开激烈的争夺，最后以夺"枢"者、并能将"枢"敲打在终点的车轮上为胜。"抢枢"中的"枢"鄂温克语"销子"之意，是指游牧民族所使用的勒勒车的车轴上固定车轮，防止车轮从车轴上脱落而定位的木制卡销。"体能"在鄂温克语中是"抢"的意思，因此鄂温克语称之为"枢体能"，它特别适合于山区、草原的游牧生活，如一家几口人或几个家庭集中起来进行娱乐与比赛，从老年人至青少年都能够以不同的方式进行搏击，是一个普及面极为广泛的民族民间体育项目。它起源于草原，是鄂温克人同大自然搏斗中流传下来的，最终成为草原上鄂温克族人人皆知的娱乐性和搏击性较强烈的体育运动，在当时生产力水平低下的情况下，体现了一种奋发向上的民族精神、机智勇敢与顽强的生存意识。

文化博览丛书·非遗卷

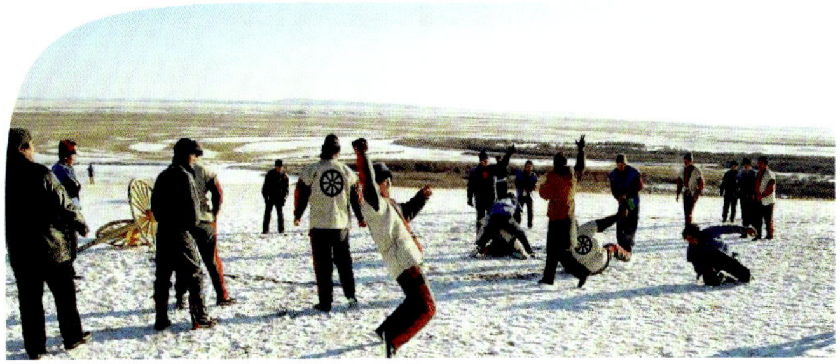

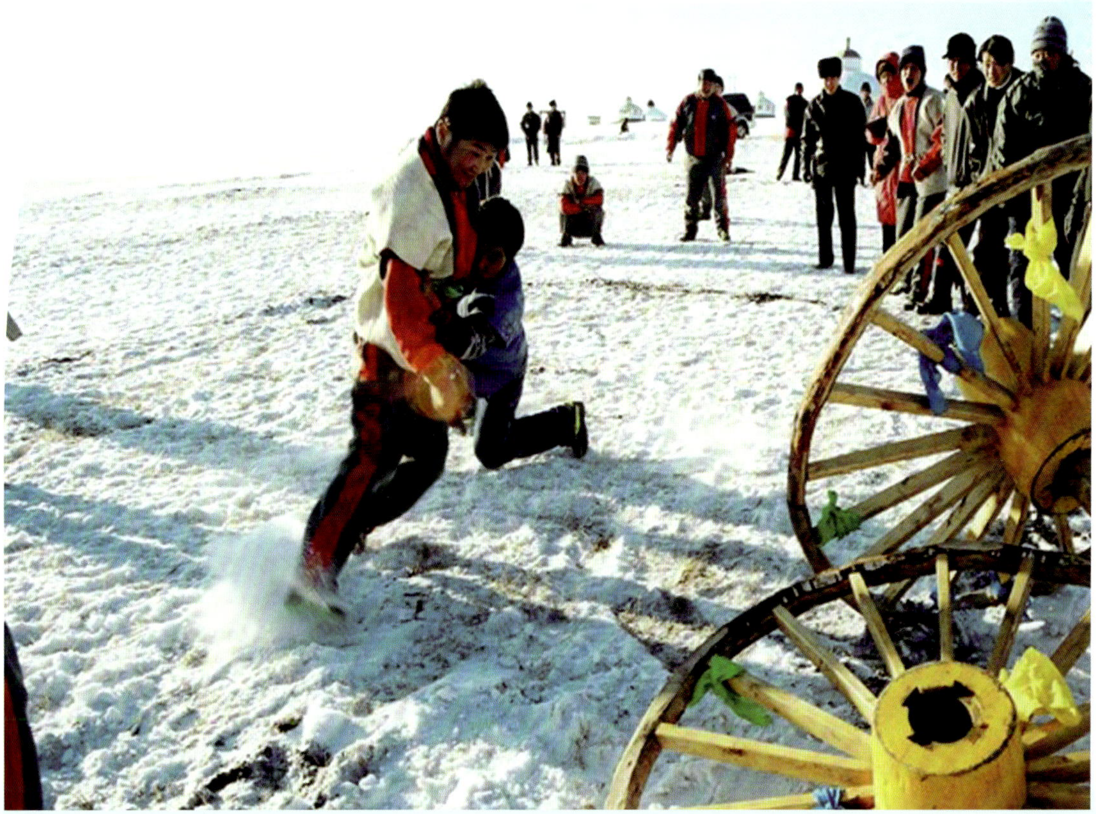

鄂温克鹿棋

围鹿棋起源于一个美丽的神话故事。相传在很早以前,有一个鄂温克民族狩猎部落,他们生活在野生动物丰富的广阔林海之中,一年夏天,阿贵达(猎长)满迪带领部落二十几名猎手在深山密林中狩猎,游猎数日未见猎物。一天清晨,他们在森林中的一块山坳中忽然发现了两只似牛非马的野兽,一只在吃草,一只在喝泉水,阿贵达很快组织猎手们悄悄围猎,结果,那两只野兽飞快逃出了猎手们的围猎圈,各自跑向东、西山口,阿贵达召集猎手们再次围猎,结果那两只野兽又纵身逃出围猎圈,一位经验丰富的老猎手艾莫根说:"从我们这两次围猎失败的经验来看,那两只野兽走的足迹路径是有规律可寻的,没有智慧,我们是捉不到它们的,应该利用此处山势地形的特点,在这里想办法立围障、设陷阱、下套子,拉地弓后,再从外围向里围赶,一定会捕到这两只野兽。"于是,猎手们准备完毕后,慢慢从外围向里围赶,结果,一只野兽钻进了套子里,另一只落入陷阱内,两只都被捉住。猎手们大喜,萨满也跳起了"狂颠舞",以示庆祝。阿贵达下令准备宰杀这两只野兽时,突然,在对面一座山峰上、云雾间出现了一位白发苍苍的老人,大喝一声:"大山林中的孩子们,手下留情!听我山神来告诉你们:这两只野兽是修炼千年的神鹿,它们偷吃了山上的灵芝仙草,触犯了大山的戒律,受罚下界,这两只神鹿在此等候你们多时,就看你们有没有智慧捉到它们,你们果然不负上天所望,希望你们带回去精心驯养繁殖,它们会给你们带来幸福和吉祥。"说完,山神消失在云雾间,从此这个部落开始驯养繁殖这两只鹿,部落的鹿群不断发展,使部落过上了安康富裕的生活,部落后人为了纪念这两只鹿给他们带来的幸福,根据当时的围捕路线,后人研究出了围鹿棋。围鹿棋是鄂温克人民休闲娱乐的传统游戏项目,比赛前双方通过抛币或猎棋子来选择第一局用白（鹿）子或黑（士）子权，第一局结束后，双方应交换棋子，再继续进行比赛，一般每场比赛采用三局二胜制，双方在对弈时，走棋规定为：白先黑后，沿纵或横或斜线走均可，执黑（士）子设法将白（鹿）子的线路堵住围困，如果两个白（鹿）子吃掉七、八个黑（士）子，被围困的无路可走，白（鹿）子就算失利，执黑（士）子者为优胜者。如果执黑（士）子堵不住白（鹿）子的线路，两只白（鹿）子配合好，黑（士）子被吃掉一半，只要一只白（鹿）子占据了棋盘中心，一只白（鹿）子占据了棋盘大山口，黑（士）子再也无法堵截白（鹿）子的线路，黑（士）子就败给白（鹿）子。在每一局比赛中，不能有平局和棋，只有胜负之分，没有时间限制。围鹿棋流传至今，已有几百年的历史，经过了漫长的发展和完善，围鹿棋是勤劳、勇敢、智慧的鄂温克人在漫长的狩猎生产生活过程中，流传下来的一项具有民族传统特色的体育智力游戏。

它起源于一个美丽的神话故事，后人为纪念这个故事里聪慧和有着高超狩猎技巧的猎手们，根据狩猎的路线，逐步研制出深受鄂温克人喜爱的体育智力游戏项目——围鹿棋。并以围鹿棋的团结合作、拼搏奋进克服困难，争取胜利的精神来教育鼓励后代子孙。

围鹿棋流传至今，已有几百年的历史，经过了漫长的发展和完善，已被鄂温克族地区的学校列为第二课堂教学活动，使它在教学中形成如下特征：

(1) 围鹿棋的棋盘、棋子、比赛形式新颖独特，棋法自然合理，招法变化多，深受学生们的喜爱，具有集技巧性和趣味性为一体的特征。

(2) 围鹿棋符合体育与健康课程标准的要求，它是以继承民族传统体育智力游戏为出发点，来培养学生的创新精神和实践能力，在体育教学实践中具有可行性的推广价值。

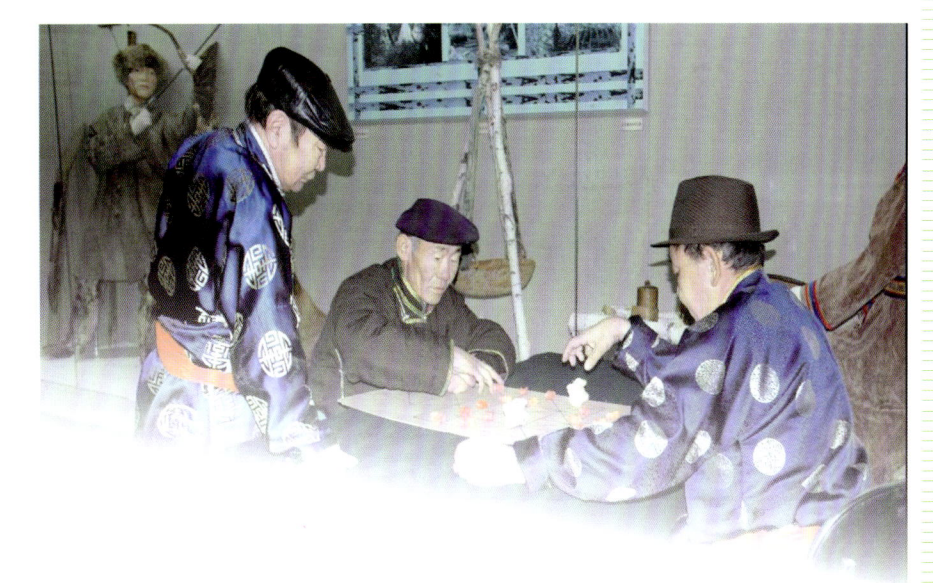

(3) 围鹿棋不受时间、季节、场地及年龄、性别的限制，随时可在田间地头、教室、操场上进行娱乐比赛，具有极强的随意性。围鹿棋伴随鄂温克民族走过漫长的历史发展过程，在不断演变与完善中，不但具有技巧性、趣味性、可行性和随意性，而且更具有它自身的价值。

击牛骨游戏

　　陈巴尔虎旗击牛骨游戏文化是巴尔虎蒙古人的民间传统体育竞技项目，它是在巴尔虎人古老游牧生活中自然创造出的独特游戏，具有典型的蒙古民族特征。它因地而制，就地取材。

　　"击牛骨"游戏，就是以十六岁以上男子为主，在与他人一起聚餐时，一只手拿着剔光的牛骨，另一只手将牛骨击折，以显示勇气和力量，人们把这种游戏竞技统称"色日沙呼"。

　　蒙古民族游牧文化是在悠久的生产斗争、生活实践中积累形成的，它与自然环境相适应，特别是具有自己的地域、历史、文化特点，有深刻的哲理性，对民族地区的社会和历史发展有巨大的贡献，是人类不可磨灭的宝贵遗产。

　　巴尔虎游牧文化之所以能够吸引中外游客，是因为它能体现当今世界上唯一保持着没有受到任何污染的草原生态和草原游牧文化。它对弘扬蒙古民族的游牧文化，把蒙古民族宣传到世界各地具有深远的历史意义。

蒙古马耐力赛

"蒙古马耐力赛"是内蒙古自治区呼伦贝尔市牧区特有的一种体育竞技项目。

"蒙古马耐力赛"具有悠久的历史渊源。800多年前,蒙古族为生活需要和战争所需,饲养大量的马匹。因北方地区地域辽阔,居住分散,所有马匹具备了长途奔跑的性能,蒙古族积累了丰富的驯马技术。蒙古族靠蒙古马的这些优点,逐渐强大起来,打败了北方诸多强国,建立了强大的蒙古帝国。

据史料记载,成吉思汗铁骑西征时,经常靠蒙古马的惊人速度及耐力对敌人进行突然袭击,从而得到胜利。1219年9月,成吉思汗的两位大将速布台和哲别攻打花喇子模国讹答剌城时因城内保卫工事坚固而未能攻破。哲别带军队退居500里远,并休整队伍。敌探得知成吉思汗大军退到500里远时,城内卫军便放下心来,放松了警惕。蒙古大军休整几天后,有一晚哲别突然下令,率大军进攻讹城。大军夜行500里明日早晨到达城下,进行突攻。因城内毫无准备,成吉思汗大军轻易攻破了城,并获全胜。此后蒙古军名声大振,仅用两年时间打败了强大的花喇子模国。为纪念这一历史性战役中蒙古马立下的奇功,草原上常常举行规模不一的蒙古马耐力赛。后因元朝灭亡,这种活动也随之终结。在伪满洲国时,1940年至1944年间当时的伪满政府开始恢复这种活动。曾举办三次蒙古马耐力赛。第一次比赛于1940年7月举行。比赛从新巴尔虎左旗旗所在地阿木古郎出发,到当时的海拉尔伪满政府所在地,赛跑距离165公里,参赛马匹80多匹,晚9点多出发。此外,1942年、1944年磊龙庙那达慕上举行了蒙古马耐力赛。比赛在海拉尔到磊龙庙之间进行,赛跑距离180公里。

为了传承"蒙古马耐力赛"这一古老民族传统文化,在新巴尔虎左旗首届巴尔虎文化艺术节上,举办了建国以来第一次蒙古马耐力赛。比赛从新巴尔虎左旗阿木古郎镇出发到乌尔逊河东岸再返回到阿木古郎镇,赛跑距离100公里。比赛从早晨5点开始,冠军马8点钟到达终点。

"蒙古马耐力赛"项目以它独有的民族和地方特色受到广大牧民和赛马爱好者的喜爱。新巴尔虎左旗政府和蒙古马协会在努力打造"蒙古马耐力赛"文化的传承和广大平台,为保护这一民族和地方遗产做出努力。

近几年,这项运动成为了旗委、旗政府高度关注的对象,变成了一种个性化、地方化的体育运动。还得到了广大赛马爱好者的浓厚兴趣。

6.传统美术

敖鲁古雅鄂温克族岩画

敖鲁古雅鄂温克族岩画距今已有三百多年的历史,但至今仍能透过岩画遗留的信息,了解到鄂温克族先人当时所描绘的人物、情节和动物的个性特征,看到敖鲁古雅鄂温克族先人在三百多年前特有的信仰意识心理以及祈求神灵而创造出的岩画艺术。在内蒙古根河市西北部的原始森林中发现并考证几处鄂温克族岩画,这是迄今为止已发现的中国最北部的岩画遗址。

大兴安岭安娘娘河流域的保拉坎的岩石上面和阿龙山镇53公里处的密林中,有几处饱经风霜但图象依然清晰可辨的岩画,其色调分明、结构简单,有完整的驯鹿轮廓。从轮廓上看,笔调粗犷,反映了岩画的原始性。这些岩画多用赭石颜料描绘,可辨认的内容有动物如驯鹿、猎犬等;还有反映原始宗教内容的萨满教与人等。这些岩画就其题材、风格、内容等结合历史地理民族学来考察,当是鄂温克猎民祖先的艺术作品。在十七世纪前,曾经有一支鄂温克族人生息在这一地区,后来迁至外贝加尔地区,随后勒拿河方向的一支鄂温克人在这里继续过着渔猎的生活。鄂温克古代社会渔猎、游牧的经济生产生活方式,正是产生这些岩画的基础,具有浓郁的原始生产时代的气息。安娘娘河流域的驯鹿岩画,既是鄂温克族猎民先人的艺术作品,又是一份极其珍贵的历史文化遗产,为我们研究敖鲁古雅鄂温克族猎民的历史提供了重要的历史题材,堪称敖鲁古雅鄂温克族猎民智慧的结晶、民族的艺术瑰宝。

文化博览丛书·非遗卷

53

文化博览丛书·非遗卷

55

达斡尔族布艺缝画作品

58cm × 58cm
达斡尔族布艺缝画作品

达斡尔族民间鞋样图案

40cm × 58cm

68cm × 68cm

达斡尔族布艺缝画作品

130cm × 75cm

130cm × 75cm

162cm × 162cm

280cm × 90cm

390cm × 125cm

平安 140cm × 86cm

达斡尔族布贴画

　　达斡尔族布艺（缝画）艺术源于民间（哈尼卡）即剪纸艺术和（伊勒嘎）绣花艺术。将两者结合成新的艺术门类。达斡尔布艺（缝画）艺术具有悠久历史。早年多用于皮毛制品上。后来在布匹绸缎上刺绣。当时在一个达斡尔村落里，能描善绣的妇女是有很高声誉的。许多妇女愿以她们为中心聚集在一起，学习"伊勒嘎"艺术技艺。而且求艺赐教的妇女也很多，形成了一种以能描善绣妇女中心的民间"伊勒嘎"艺术沙龙。促使"伊勒嘎"艺术在达斡尔族中成了时尚。

　　达斡尔族民间布艺缝画艺术，在艺术种类、形式风格、材质、色彩和造型工艺等方面有自己独特的传统风格。达斡尔族民间布艺缝画艺术不论在色彩或是造型处理上都形成了自己的民族特色，画面底色多以白或浅色为主，在这种浅底色上面缝画图时，多用小块强烈对比色，合拼运用，由于浅底色面积较大，尽管缝画中色彩比较繁杂也能统一协调，于底色之中纹饰主题比较突出，而且强烈对比整体色彩不会产生影响，反而增加了视觉层次感。这一点也使达斡尔族伊勒嘎绣花技法和布艺缝画艺术形成了自己的特色，发展了自身的审美。

俄罗斯族木刻楞

俄罗斯民族在额尔古纳地区生活已有百余年的历史了，有着自己的独具特色的双重生活习俗，始终保留着独特的生活习惯。第一代和第二代华俄后裔的住房，早些年大都以俄式"木刻楞"为主。所谓"木刻楞"即用原木刻槽叠摞而成的木制房屋，其建筑艺术独具特色。

"木刻楞"是俄罗斯族（包括华俄后裔）农村传统风格的独门独院式住宅，它的建筑材料以木材（包括原木、木板）为主，其墙身全部由直径约20公分的原木叠摞而成。

梁上加做"人"字形房架，架上铺"灯笼板"。房梁上还要铺设天棚，天棚板上铺一层干马粪或锯末。房屋框架等完工后，再糊上大泥刷上白灰，朝南的门窗、屋檐上都雕刻有工艺装饰图案，地板也涂上桔黄色彩漆，一栋"木刻楞"房屋就建成了。经过不断的改进，加上新的设计，他们的住所和室内的布置，形成独具特色的建筑风格"木刻楞"，已成为当地建筑群中一道独特的、亮丽的风景线，成为当地特色旅游的重要组成部分之一。

"木刻楞"框架的搭建颇为讲究，原木两端结合部即墙角，要锯出与木端宽度（直径）相等的牙卯相互咬住，再打上楔子。上层原木下要凿上一条浅槽，中间再夹上"茅蒿"，其保温效果更好。房架叠摞中要事先预留出门、窗的位置。根据原木粗细和室内所需高度，一般要垒15-18层。摞够层后便选定吉日准备上梁。

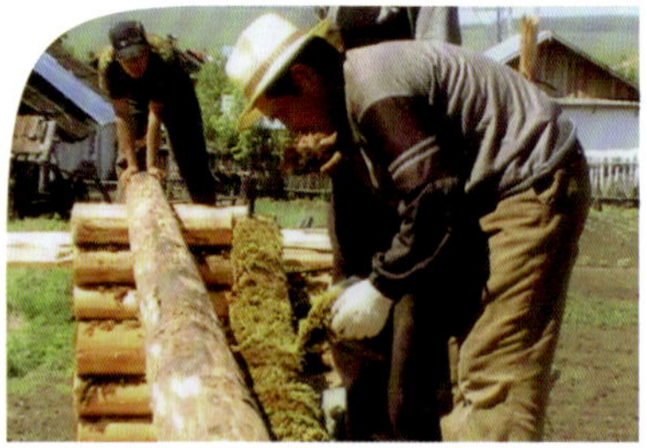

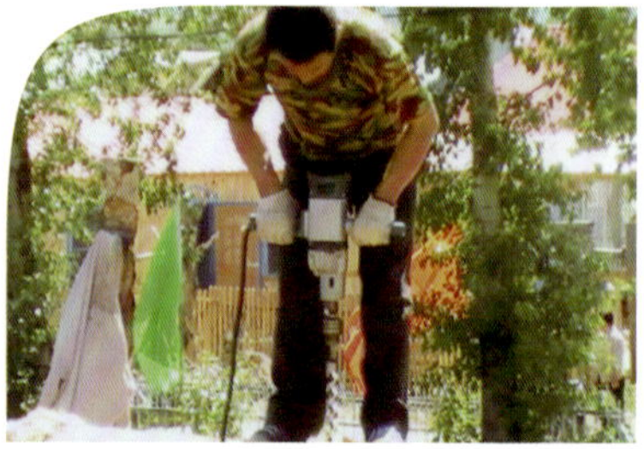

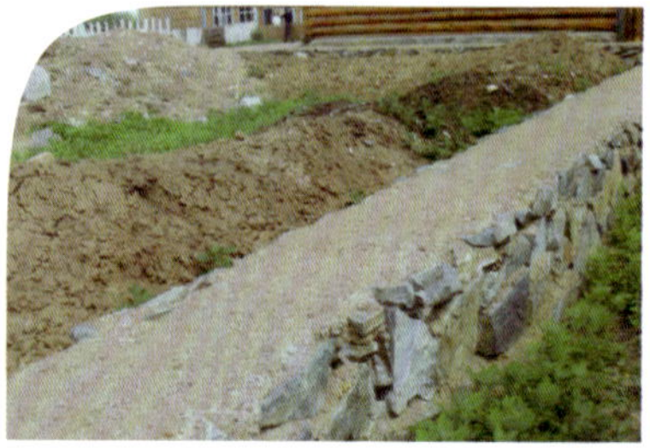

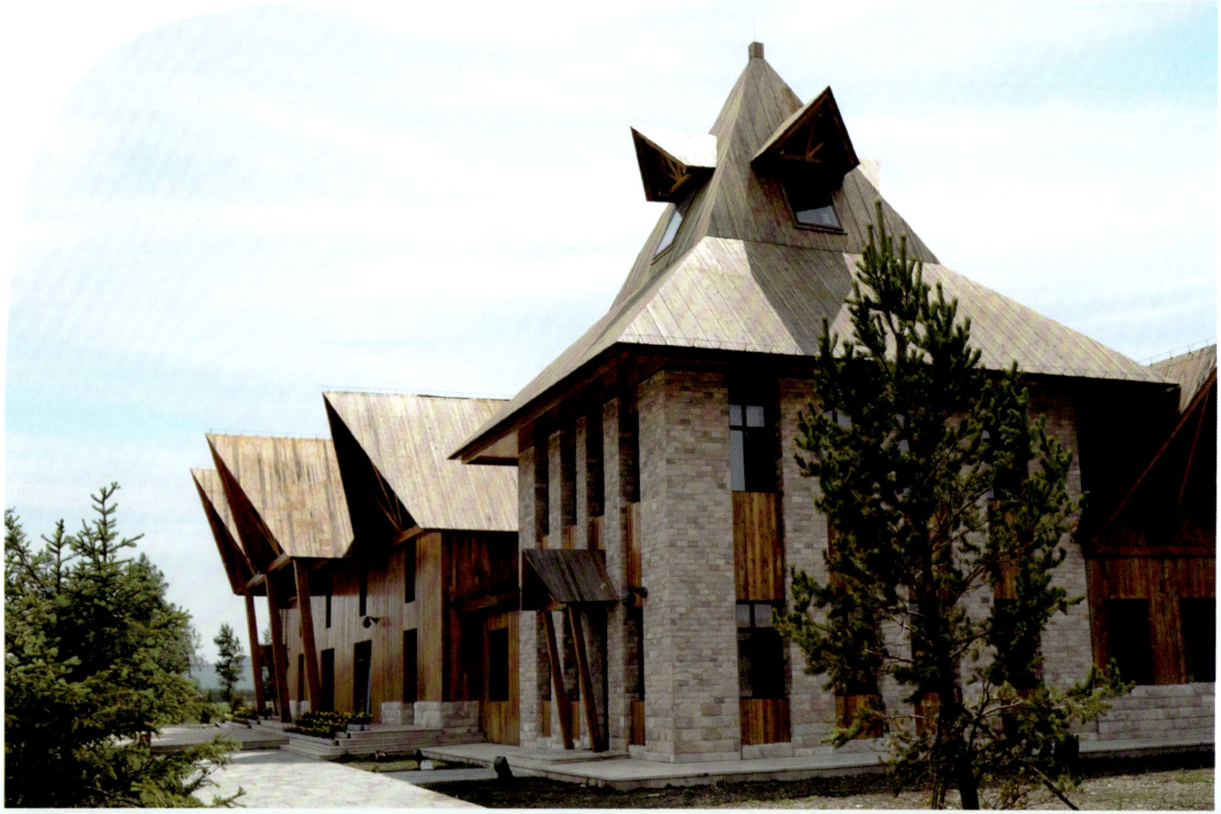

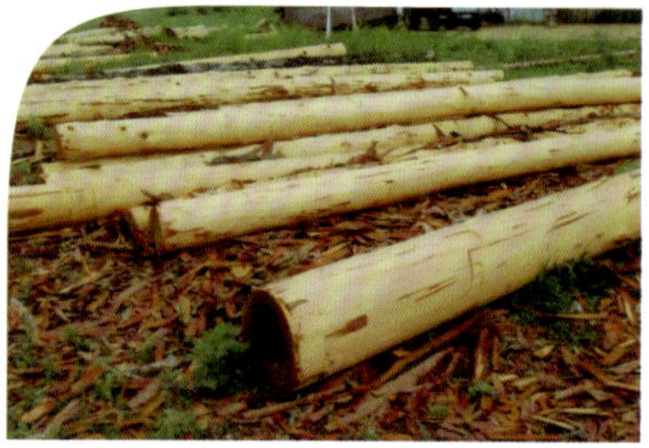

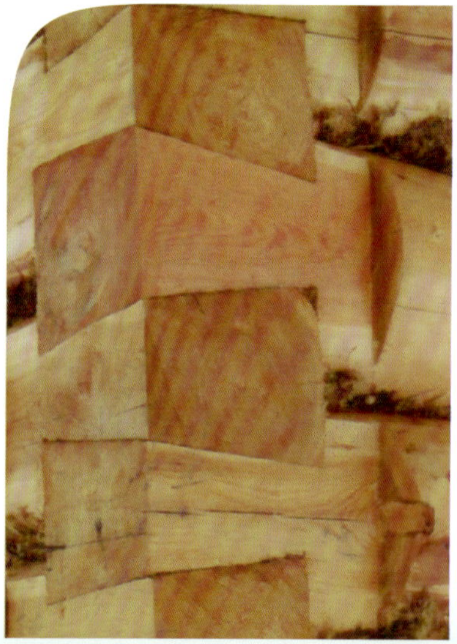

达斡尔族"哈尼卡"

哈尼卡（达斡尔音译）是达斡尔族的一种纸偶玩具，是伴随着萨满教文化而兴起的民间艺术，在纸张传入达斡尔族之前，已有剪皮花、剪桦树皮及皮偶艺术形式。皮偶神的制作为以后的纸偶艺术形成奠定了基础。清代由于纸张从内地传入，汉族的扎纸艺术也相应引进，促进了达斡尔纸偶艺术的进步和发展。

妇女中的剪纸能手们，善于制作供少女们游戏的玩具—哈尼卡，这种玩具的玩法简单说就是过家家，孩子们通过大人的引导，依据对日常生活的感受，复演生活中的各种美好事物。她们用哈尼卡做狩猎、订亲、婚宴、过年、采集、打鱼、舞蹈、购物等游戏场面，能连续游戏好几个小时。

制作哈尼卡时，以各种色纸或白纸对折，剪出头形连带颈部，用长方形或方形纸，叠成双层圆锥形三角形，顶部留有一小孔，底部剪平，再从剪好的头部下方的颈部插入圆锥三角体的顶端，在纸偶的身上再粘贴彩纸剪成的图案，制作者一般在剪面形和发式佩饰时非常用功夫，哈尼卡制作技艺是否高超也因此来体现。另一种制作更繁琐，是在以上制作的基础再给哈尼卡配上短夹和双臂，也可以脸上绘画五官及黑发，装饰头上珠、花、簪、帽子等。哈尼卡通常高约10至15厘米，收藏起来很方便。

除上述两种方法，哈尼卡也有用布、桦皮、软皮制做的。这种哈尼卡相对来说是大型的，头部用清理干净的鸡蛋壳做成，描绘五官，头发用黑丝线粘上，服饰的制作更精细，式样也更丰富，制作哈尼卡之后，还要以小药盒，火柴盒表面上剪纸花纹，做哈尼卡的箱柜桌椅，并以各色彩纸装饰剪折成哈尼卡的被褥枕头。据说当时有的达斡尔族小女孩儿拥有的纸偶可达上百个。

哈尼卡这种纸偶艺术，丰富了孩子们的童年生活，提高了人们动手动脑的能力，是达斡尔族人民在生产生活中勤劳智慧的一个体现。

剪 纸

剪纸艺术是中华民族古老而富于传统的一门民间艺术，早在汉、唐时代，民间妇女就有使用金银箔和彩帛剪成花鸟贴上鬓角为饰的风俗。随着人类的进步、社会的发展，在一些节日中，也用色纸剪成各种花草、动物或人物等，贴在窗户上（叫"窗花"）；门楣上（叫"门签"）作为装饰，也可以用来作礼品装饰或刺绣花样之用。现在，剪纸则更多地是用于装饰，它可用于点缀墙壁、门窗、房柱、镜子、灯笼等；也可作为礼品作点缀之用，甚至剪纸本身也可作为礼物赠送给亲朋好友。

目前，全国各地都能见到剪纸，甚至形成了不同地方不同风格的流派。不仅表现了广大人民群众的审美爱好，并且也蕴含着民族的社会深层心理，是中国最具特色的民族工艺之一。

剪纸的工具一般只是一把小剪刀，剪纸常用的方法有两种：剪刀剪和刀剪。顾名思义，剪刀剪是借助于剪刀，剪完后再把几张（一般不超过8张）剪纸粘贴起来，最后再用锋利的剪刀对图案进行加工。而刀剪则是先把纸张折成数叠，放在松软的混合体上，然后用小刀慢慢刻划。和剪刀剪相比，刀剪的优势就是一次可以加工成多个剪纸图案。有的职业艺人则用一种特制的刻刀刻制，称为"刻纸"。匠人以刀代笔，通过剪刻，

一切形象在玲珑别致的形式中得以完美的塑造和展现，虚实相生、黑白分明，再加上诸多点染、着色技巧，从而打造成一件件精美的上乘艺术之作。

民间剪纸艺术是百姓生活的最真实写照。它题材广泛，花样繁多，有戏曲人物、戏曲脸谱、神话传说、花鸟鱼虫、家禽家畜、吉禽瑞兽等多方面的内容。既有粗犷、质朴的特性，又有细腻、秀丽的风格。它色彩浓艳，对比强烈，装饰感强，民间味浓，富有韵味节律，呈现出妩媚娇艳、淳朴华美的艺术魅力。

在品类繁多的民间剪纸艺坛上，根河市民间剪纸以构图饱满、独特的手法、造型生动、色彩绚丽、工艺奇特的艺术风格独树一帜。剪纸艺术充分发挥"剪"的特点，以纤细秀丽的线条配合块面，借助夸张、变形手法创造出栩栩如生的艺术形象，剪刀味十分浓郁。不仅造型美观，剪工精致，而且具有深邃的历史文化内涵，包含了美学、历史学、民俗文化等多方面的内容，是研究北方民族文化的重要史料。

7.传统技艺

敖鲁古雅鄂温克族撮罗子制作技艺

敖鲁古雅鄂温克族"撮罗子",也称"仙人柱",鄂温克语意为房子的意思。是用25—30根落叶松杆搭建起来的高约3米、直径约4米左右呈圆锥形的窝棚,里边架有火塘,可烧茶做饭或取暖,地上铺有兽皮供人们休息或睡眠。在搭建的时候,每根杆都要去皮,一头尖,"撮罗子"有大有小,小的可以睡4—5人;大的可以睡7—8人。

夏天用桦树皮、草围子等做覆盖物,每条都顺着门的方向分层压接,形成如图案般的纹迹;冬天则盖上兽皮或者毛毡,以防雪御寒。撮罗子的门帘则是覆盖物的横向延长,从一端搭到另一端,尖顶处留有小孔,起火煮肉、做饭的时候就成了自然的烟囱。

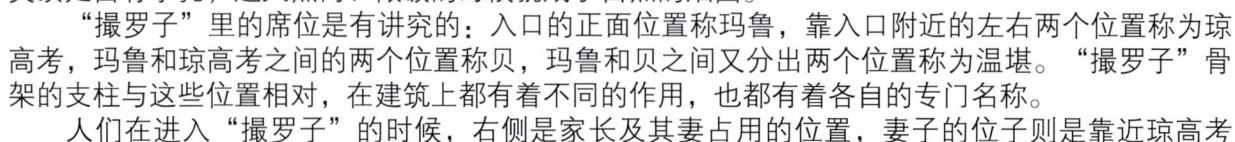

"撮罗子"里的席位是有讲究的:入口的正面位置称玛鲁,靠入口附近的左右两个位置称为琼高考,玛鲁和琼高考之间的两个位置称贝,玛鲁和贝之间又分出两个位置称为温堪。"撮罗子"骨架的支柱与这些位置相对,在建筑上都有着不同的作用,也都有着各自的专门名称。

人们在进入"撮罗子"的时候,右侧是家长及其妻占用的位置,妻子的位子则是靠近琼高考处,将个人用品放在身边,让自己的孩子靠近她。琼高考的位置是空着的,左侧留给长辈和超过一定年龄儿童使用。玛鲁的位置除单身和受尊敬的男人以外,家庭成员一般不去占用,因为,那是用来放神像的。"撮罗子"内的方位是有不同等级区别的,北面(正面)是安放神位之处,最为尊贵,平时只有男主人和男性贵客才能在北铺坐卧。家族成员在"撮罗子"里面的位置一般是长者们占用最好的位置（即玛鲁）位，右侧（贝）按惯例由家长占用，未达到年龄的幼童和父母在一起，必须到一定年龄后才可以移到左侧贝的位置；有的时候也可以移到琼高考位，一些被家族收养的成员，按照这个家族家长对其亲属关系占用席位，被家族所收养的外人以及其他氏族的人，除玛鲁位和右侧贝的位置不能占用之外，按照他们的年龄占用席位，实际家庭中的家长和妻子以及他们的子女是没有固定位置的。

在有宾客来访的时候，根据他们与家长的关系把他们让到相应的席位就座，通常是男客占用玛鲁位，如果玛鲁位已占用，家长和其妻子往往则移到其他位置，有时候甚至会移到琼高考的位置。而不属于本家族的人则不允许横跨右侧的贝，不属于这个家族的妇女则不允许横跨"撮罗子"中心与玛鲁位置的平行线，她们只能在"撮罗子"的左前部扇形部分内行动坐卧。

妇女生孩子时，必须移到原住"撮罗子"附近另搭的"产房"中去，这种"产房"也是"撮罗子"的样式，只不过矮小简单一些，有的还专搭一根横木，做分娩时的把手。产房内设左右两铺，产妇住右，婆婆或助产女眷住左，待新生儿满月后，产妇可回到原住"撮罗子"，"产房"随之拆除，这种做法的用意，并非特殊关照产妇，而是认为生孩子是"不洁"之事，应该避开家中供神和男人居住的地方。

敖鲁古雅鄂温克口弦琴制作技艺

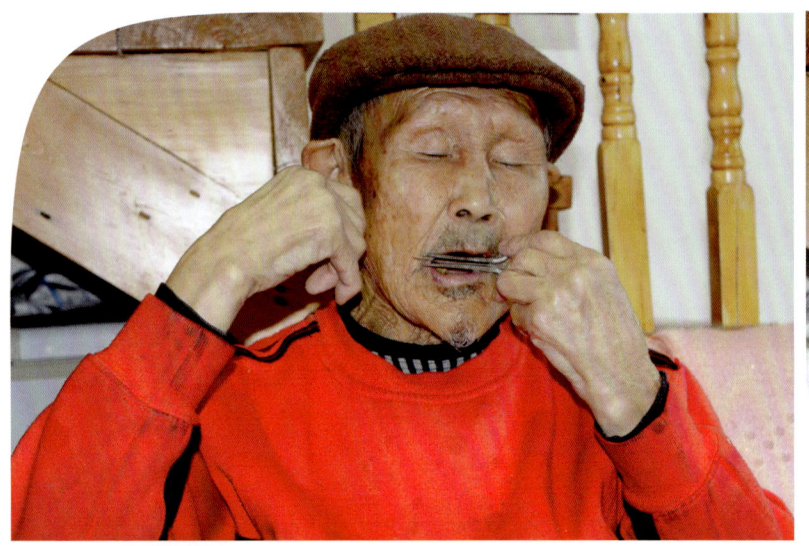

敖鲁古雅鄂温克族是我国最后一个以饲养驯鹿为生的民族,被世人称之为"最后的狩猎部落",居住在大兴安岭内蒙古根河市敖鲁古雅鄂温克民族乡。"口弦琴"——鄂温克族猎民称它为"崩尤刻",汉语称"口弦",是流行于达斡尔族、鄂伦春族等多个民族之中的一种簧片乐器,这种乐器不仅要靠着空气的振动来发音,同时还须用手指拨动簧片,再配合口的开合动作,借用口风来发出美妙的乐音。

口弦琴制作技艺非常独特,特别是舌簧片的制作更要精细,声音的大小、音质的圆润与舌簧片密不可分。"口弦琴"由琴鞘与簧片两部分组成,用金属片制作,其形如钳,外圈中部连着弹簧,簧舌尖端向上弯曲,琴鞘用熟铁打制成的,圆锥形状,长约12—15厘米,槽内镶入簧片条,簧片顶端弯回成近90度角,并用线捆扎一个特制小圆球,以方便弹拨。演奏时,左手执器,右手拨弹簧舌头端,再加口的开合动作,借助口风发出振颤的声调,琴的型号有大有小,型号越大,声音就越低、浑厚,反之则声音高亢。

"口弦琴"是敖鲁古雅鄂温克族猎民在闲暇之余或在狩猎的间隙时用来娱乐的工具,精巧的设计、独特的音律给使鹿鄂温克赋予了丰富的想象力和创造力。而口弦琴制作技艺则承载着敖鲁古雅鄂温克狩猎民族悠久的文明发展历史和灿烂的狩猎民族文化,对研究游猎民族的生产生活和民间美术工艺都有重要参考价值。

敖鲁古雅鄂温克鹿哨制作技艺

　　鹿哨制作工艺非常考究，选择的材料其硬度、细度、形状等都非常严格，经过剥皮、加工、晾晒、烘烤等十几道工序制作而成，外形美观，制作工艺精湛。

　　"鹿哨"是中国北方游猎民族猎民使用的一种拟声诱鹿工具，又叫"乌力翁"，也称"鹿叫子"，多用桦木制作而成，长约80厘米至100厘米，一头粗，前端开口如8字，一头细，开口如烟嘴，哨身呈椭圆形，前后两端都有小圆孔，用树筋捆扎，其形状酷似牛角，两端均可吸喂。吸喂小头可以模仿鹿的叫声，吸喂大头可以模仿犴的叫声。是敖鲁古雅鄂温克猎民狩猎必备之物。古代的女真人和契丹人都曾使用过，而如今的鄂温克族、鄂伦春族、赫哲等民族也都尚在使用。鹿哨吸喂时能发出公鹿的叫声，每年夏历八、九月份的时候，这个季节是驯鹿的发情期，公鹿和母鹿之间互相鸣叫以寻找配偶，猎人就利用驯鹿的这种习性，吸喂起"鹿哨"，模仿公鹿的叫声以吸引鹿群前来，每当鹿哨响起，成群结队的驯鹿则闻声而至，此时，猎人们便可趁机进行狩猎，鹿哨制作技艺的传承与发展，对研究我国北方游猎民族的生产生活和民间美术工艺都有重要参考价值。

敖鲁古雅鄂温克毛皮画制作技艺

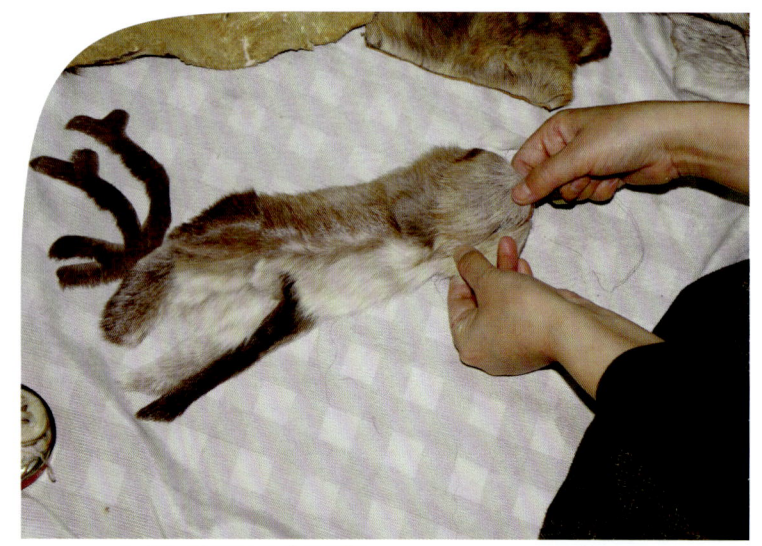

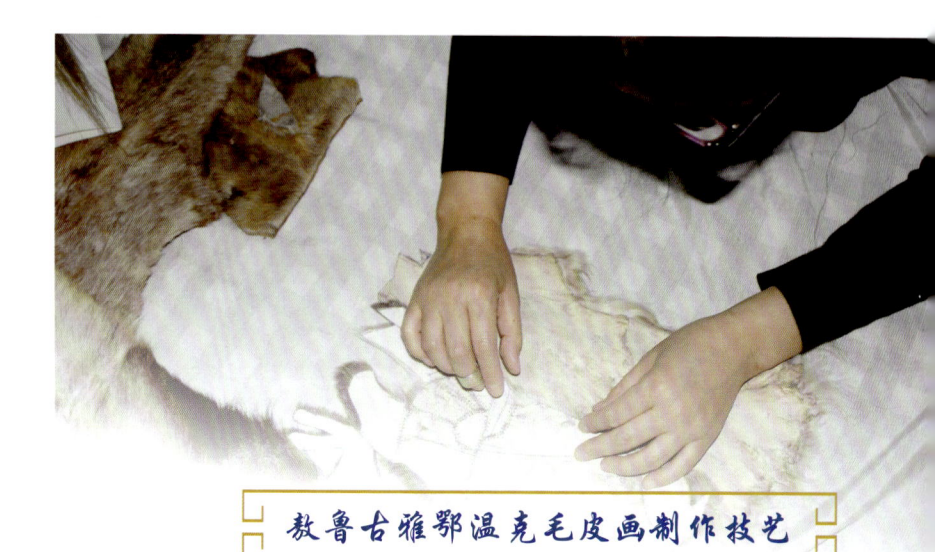

敖鲁古雅鄂温克族同其他兄弟民族一样，在长期的民族发展和生活实践中，发明创造了很多极富民族特色的民族工艺美术作品。这些都是敖鲁古雅鄂温克猎民长期从事狩猎生产的结晶，蕴涵着敖鲁古雅鄂温克狩猎民族珍贵的文化"基因"。

敖鲁古雅鄂温克猎民用独特的手工技艺就能缝制出绚丽多彩的"毛皮画"，敖鲁古雅鄂温克族毛皮画制作技艺历史久远、构思奇特、工艺精湛，有的"毛皮画"需要上百条驯鹿腿皮及狍腿皮才能缝制而成，凹凸感明显，整张画全部用手工缝制而成，而且所用皮张都是在独特的熟皮毛技艺中完成的。其毛皮画具有虫不蛀，无污染，寿命长等特点，并且对出的花纹古朴美观，堪称一绝。现代的敖鲁古雅鄂温克族"毛皮画"除保持古朴神韵外，又融入了现代民族技法，充分利用和展示了天然皮革所具有的线条流畅、质地柔软、立体感强、色彩柔和等特点，给人以全新的艺术享受，画中浓缩的民族狩猎风情，让人在欣赏"毛皮画"艺术的同时，也感受到浓郁的森林民族狩猎气息，是研究北方民族文化的重要史料。

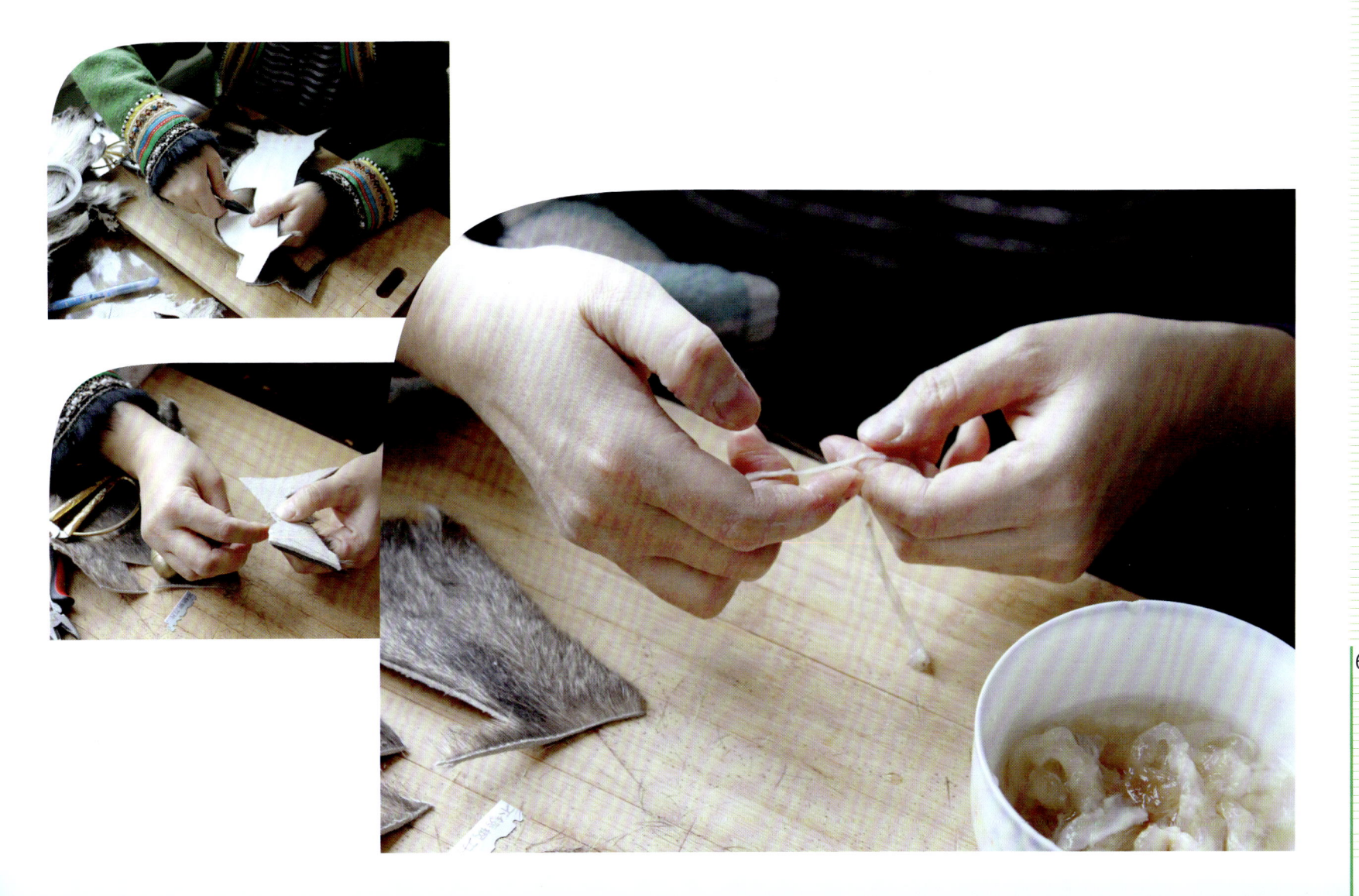

文化博览丛书·非遗卷

69

敖鲁古雅鄂温克熟皮子技艺

熟皮子技艺是敖鲁古雅鄂温克族猎民在长期的生活实践中所创造的独特民族手工制作技艺。

熟皮子技艺一般都出自妇女之手，鹿皮剥下后，鲜皮的及时清理尤为重要，也是防止鹿皮腐烂变质，保证熟制质量的关键一步。首先用手工割去蹄、耳、唇、尾等不需要的组织，削去鹿皮上的残肉和脂肪，然后洗去粘在皮上的泥沙、粪便、血液等脏物，而且，刮残肉时用力不能过猛，以防止刮伤皮板。鲜皮清理完以后，将其肉面向外挂在通风处或弱阳光下干燥，并经常翻动，直到晾至八九成干时，再将其垛起来，上面用木板及重物压平，使其平整，然后再继续晾晒，直到干透。鞣皮时，将生皮涂以捣烂的鹿肝，使其发酵后，将皮子顶在膝盖或放在垫物上，用特制的工具反复鞣皮，直至鞣软为止，鞣好之后，就可以根据生活的需要用鹿筋线缝制成各种生活用品。既是狩猎民族狩猎史发展的印证，又是文化发展的标志，对研究我国北方游猎民族的生产生活和民间美术工艺都有重要的参考价值和艺术欣赏价值。

文化博览丛书·非遗卷

71

巴尔虎木雕艺术

巴尔虎木雕手工技艺是在巴尔虎蒙古族民间流传的纯属原生态手工技艺。分为包素嘎雕刻（雕塑）、哈布塔笋雕刻（板刻）、鼓布鼓日（浮雕）。绘刻的图案分类非常丰富，包括普森荷、乌力吉荷、□荷、哈斯荷、图门荷、伯乐荷、陶海荷、花叶图案、边角图案、边缘图案、床头图案、箱子图案、饭□案、茶几图案等等。蒙古象棋雕刻分类有单层雕刻和双层雕刻。木制雕刻技艺使用的传统工具有雕刻□己制作的三四种专用刀子以外，平滑外观时通常使用陶瓷片或玻璃片，现在一般使用专用的砂纸。雕□法方面有原生态纯朴性的特征。根据需求使用削、抠、掏等朴实简单的刀法。上色方面不仅保留了传□法，又使用现代新式技术，最大程度的体现了木质材料的真实感。

陈巴尔虎木雕手工技艺是巴尔虎部落祖先留下来的宝贵财富，不论在历史文化、精神文明、旅□业、经济效益等方面都具有无可估量的价值和潜在的力量。

一、理论价值方面。首先其历史文化价值突出，体现了本部落独特手工技艺和审美观。通过这笔□的文化遗产，我们能够看到巴尔虎部落祖先生存活动的影子。对了解祖先文化、认识人类历史提供了精□的、活生生的材料。其次，具有重要的精神实用价值。民族原生态文化具有巨大的精神功利性，即精□的实用价值。它能带来精神上的愉悦，增强民族凝聚力和民族认同感。每个民族都为本民族的精神文□深感自豪，也是本民族得以延续和发展的根本所在。因此陈巴尔虎木雕手工技艺的传承与弘扬，会成□民族的精神支柱。

二、应用价值方面。首先，具有客观的经济效益潜在力量。扩展巴尔虎部落原生态木雕文化的发□间，发挥其潜在的生命力，完全可以创造出可观的经济效益，推动社会的发展。其次，对旅游开发具□要的作用。作为原生态文化的巴尔虎部落木雕手工技艺因其古老性、自然性与独特性，而成为人们喜□见的一种文化形式。而且如今更注重对原生态民族民间文化的开发，成为生态旅游的一大亮点。"民□才是世界的"，表明民族民间文化正走向世界，成为世界共享的精神财富。

布里亚特蒙古族服饰

布里亚特蒙古人是蒙古民族的古老部落。12-13世纪他们生活在贝加尔湖周边，以牧业和猎业为主。《蒙古秘史》中，称"不里牙惕"人为林中百姓。他们世代居住在从贝加尔湖到兴安岭，包括色楞格河，安加拉河，鄂嫩河，额尔古纳河广大领域里。

蒙古民族服饰起源可追随到人类逐渐产生和发展的遥远的年代。这是人类无文字记载的史前时期，所以那个时代的服饰，只有以地址，考古资料为依据。元代栖鹰冠，其形状基本相似于布里亚特尤登帽。

布里亚特服饰是世界民族服饰中的奇葩，它不仅保留了蒙古服饰总的特点，还明显地保持了自己部落的特色和烙印。其中，男士的袍、达哈、马褂、靴的样式保留了蒙古族服饰总的特点，但是女式服饰的结构和男士袍的镶边儿、靴棱、帽子等有自己特点。

布里亚特蒙古族服饰是蒙古族文化的重要组成部分之一，有着浓厚的文化内涵和价值，从服饰可以反映布里亚特蒙古人在不同地域、不同时代、不同部落的装饰习俗，对布里亚特蒙古族服饰的研究与保护，可以从历史、地理环境、自身传统、文化交流等多角去审视、了解、追寻布里亚特蒙古族部落的脉络。为蒙古学、民族学、民俗学提供历史和学术上的补充。

布里亚特服饰是布里亚特蒙古族生活的重要物质资料，由于它不可缺少的实用价值和日益增长的欣赏价值，使其成为民族文化的重要载体。人们一般都把风格不同的民族服饰看做是不同民族的重要标志，甚至当做是某种意义上的"族徽"。所以布里亚特服饰对布里亚特蒙古族文化传承有着不可代替的价值和影响。　布里亚特蒙古族主要生活在贝加尔湖周围，冬季寒冷、夏季凉爽，加之以游牧为主，在野外马背上活动时间较长。因此，服饰都有很强的防寒、防风的作用。冬季主要穿的袍子有：羊皮袍子、短皮袄（呼如莫），毛朝外的山羊皮袍（达哈），脚穿布里亚特人自己缝制的纳底、长筒、绣图的靴子。夏季，布里亚特妇女服饰多彩多样，在家穿"哈拉得"，是用薄布料或绸子制作的袍子。在外或出门穿"特日利格"，是用厚布料制作的，一般用毛料、绸缎等制作。布里亚特蒙古族男女在夏季为了防风、防雨、防晒，出门都带着雨衣雨帽（苏布和尤登），是用毛呢子制作的，布里亚特蒙古族妇女的袍子在剪裁时要剪成9块后缝制，有起肩。男子和未婚女子的胸襟上有蓝黑红三色的"额恩格日"。妇女头饰多用珠宝和金银制成。从服饰上，能表现出雍容华贵，典雅端庄的气势，勇武强悍，粗犷坦荡的性格。

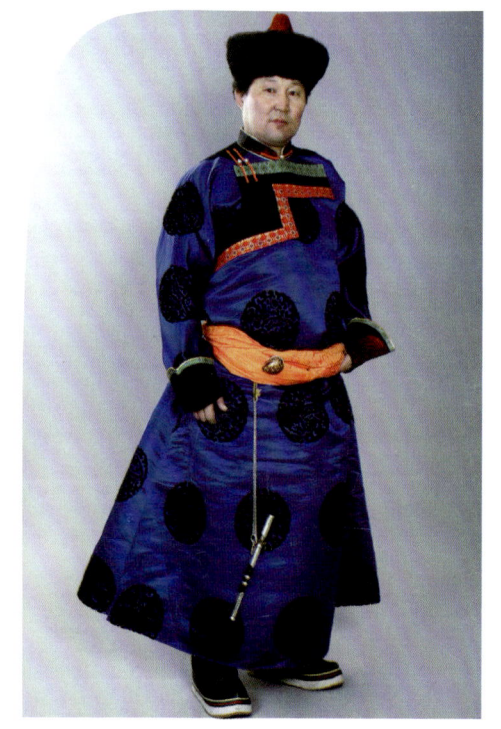

达斡尔车制作技艺

"达斡尔车"是达斡尔族传统交通工具，达斡尔人充分利用大自然赋予的森林资源，创造出了适应山地、沼泽地的交通工具——"达斡尔车"（达斡尔语称之为"达斡尔•特日格"）通称为大轱辘车，大轱辘是汉语意为"大车轮"，蒙古人称为"草上飞"。

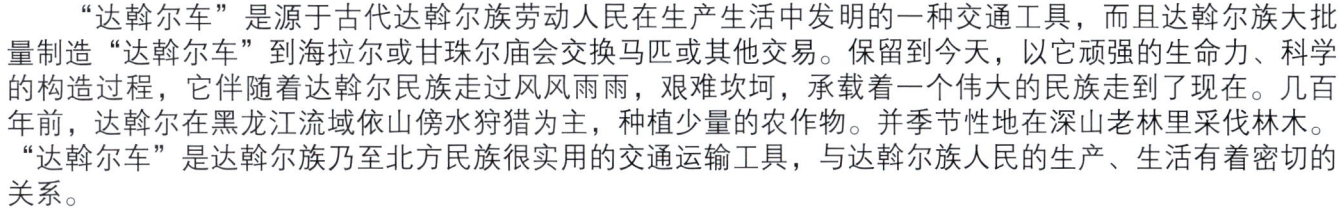

"达斡尔车"是源于古代达斡尔族劳动人民在生产生活中发明的一种交通工具，而且达斡尔族大批量制造"达斡尔车"到海拉尔或甘珠尔庙会交换马匹或其他交易。保留到今天，以它顽强的生命力、科学的构造过程，它伴随着达斡尔民族走过风风雨雨，艰难坎坷，承载着一个伟大的民族走到了现在。几百年前，达斡尔在黑龙江流域依山傍水狩猎为主，种植少量的农作物。并季节性地在深山老林里采伐林木。"达斡尔车"是达斡尔族乃至北方民族很实用的交通运输工具，与达斡尔族人民的生产、生活有着密切的关系。

"达斡尔车"有三种：1、围厢车，供人们乘坐外出之用；2、农用车，主要搞运输；3、加重特制车，用来运输木材。并带有绞拌装置。"达斡尔车"由车毂、辐条、辋子、车轴和车厢，五个大部件组成。其特点：第一不怕水、泥土、沙子；第二车轮大，体轻而灵活；第三上高爬坡，下走斜坡不会翻车；第四能涉渡江河；第五高山运送原木极为方便。制作"达斡尔车"凝结了较高技艺的交通工具，一般车轮高一米七左右，辕长有四米多，用坚韧、耐磨的黑桦木和柞木制成，除了车毂两头有钏和车轴上的车钢以外，都是木制的。在制作车辋时，先把黑桦木杆放入阴坡上挖的窑里经烟火熏。待木杆被熏得柔韧有弹性时取出。把它弯曲成半圆形，用柳条系拉两端呈引状，然后晾干定形。每轮用两至三段辋。车毂也用黑桦木制作，有一尺多粗，一尺半长，形状是里粗外细的鼓形。在车毂上凿出间隔均匀的十八个辐条眼，安装辐条。大轱辘车在取材、制作、造型方面都包含有许多科学道理。在制轮方面，要在弯曲车辋时采取办法使之达到轮圆的要求，并用长度相同的辐条保证车轮成为正圆，使得车轮与路面的接触面尽可能小，减少磨擦能够平稳和轻快转动。再者，由于轮大，车轴的高度正好在所套牛马的腹部。套车时车辕保持平衡，能够减轻牛马拉车的耗力。在车毂方面，由于其车毂较粗大，具有较大承重力，在重载和走颠簸不平的山路时，能够保证车的稳固安然。

达斡尔族猎刀制作技艺

早在十六世纪中叶，达斡尔人就已广泛使用猎刀，早期达斡尔猎刀的刀条多用废弃的铁打造，自上世纪三十年代后开始采用炮弹皮、轨道钢、轴承等打制，现在以弹簧钢为材料。

达斡尔猎刀集美观、实用于一体，刀身硬度分为洛氏56–58。刀形为带三道细血槽的水滴头形，刀身长约20公分，宽4公分，厚为3.5至5毫米。刀柄采用黑桦树杈，有美丽的花纹，同时不宜劈裂，柄头尾镶有铜片和兽骨。刀鞘为椴、桦木制成，正面有一贯通凸起，宽约1公分，刀鞘两端镶铅片，突起部分钻有两个洞，方使插筷子用。

达斡尔猎刀是达斡尔男人终身相伴之物。是达斡尔猎人最爱之物，是每个达斡尔男子成人时的必备品，它将伴随一生，并在主人入殓时"殉葬"，它具有防身、野炊、送礼、收藏、定情、佩饰等用途。

达斡尔猎刀工艺精湛，美观实用。手工艺打造，精心选材，保证每一把刀、精心造材，保证每一把刀都是精品，刀刃硬度合理，韧性突出，同时具有砍、割、削的功能。

制作刀

达斡尔民居营造技艺

达斡尔族在明末清初居住在黑龙江中、上游地区时,有了相当规模及配套建筑工程设计能力,也显示了一定的达斡尔建筑的民族特色。

当时被称作"达斡尔型"的达斡尔民居建筑,多以木屋和土垛房居多,也有后屋存在,房舍都比较大,具有适合大家族居住的特征。民居室内有三面炕,房屋西南开有窗户。

达斡尔族民居院落宅舍布局合理,以内院主房为中心的对称格局,与内地中华民族传统的中轴线建筑格局非常相似,达斡尔族建造房屋选址依山傍水,风水好的地方为宜。一般盖房不需打地基,整个房骨格架构不用一颗钉,都是木与木之间凹凸槽咬合而成。屋顶前后斜坡面苫盖房草,苫房草平整光滑,厚实保暖。主墙多用塔头墩子或草皮垡子堆砌而成,外用羊芥草和黄泥抹墙。内墙涂刷白土浆粉,门窗多为向外开,窗有草扇和上下两扇之别,窗格的花纹组合形成非常讲究,分为有二刮三层边柜组合式,中间多为方形或竖式长方形,柜内有双棱形图案。厨房的锅台连着三面大炕后,在外面续建烟道和烟囱,烟囱的造型各有不同,有圆柱形、有方形。烟囱顶部收口处,用枯树筒接在上方,右面的烟囱在西窗户的右前方。

达斡尔族仓房结构复杂实用。具有典型的阁楼式风格,因仓库距离地面有一定的高度,益于空气流通,四面墙壁也透风,保持仓内干燥,有益于物品的保存,具有一定的科学性。

达斡尔族民居的三间房,分为中间厅和左右居室。中间厅也是厨房,东居室也是客厅,西居室为三面炕,南炕为老年长辈居住,北炕为儿子儿媳居住,西炕为来客居住。

内室门多为四扇屏雕刻花油漆门,其上部在窗格式木条饰构架之间,以饰有雕花图案的木块做横撑,既美观又结实。达斡尔族炕墙木板彩绘也很有民族特色。

总之达斡尔族的建筑,形成了与大自然相结合,充分利用自然条件的自然园林式建筑群落。

达斡尔族鹿棋

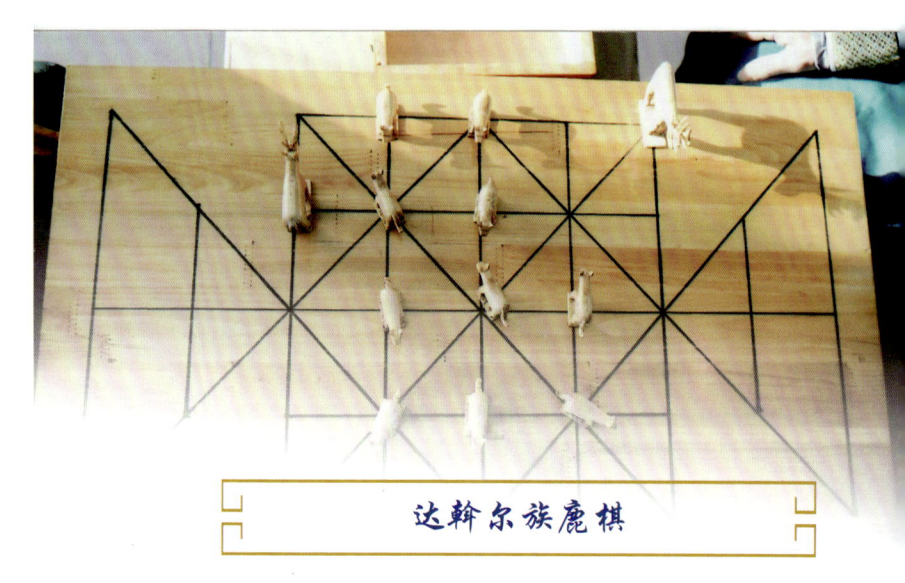

围鹿棋是达斡尔族狩猎时代的产物,大约产生于十六世纪初。当时猎人们在休闲之时,在地面或石板上画上象征田野和山岭格,用石子或百果核一类东西来表现和对弈围猎时的经验和乐趣。后来,围鹿棋有了一定的发展,形成了固定的格式和规则。棋子确定为两个鹿和24个士。棋盘多选用桦树皮、兽皮、高丽纸或木板等材料绘制。棋子还可采用随手可得的豆粒、大马哈鱼脊骨、兽畜的踝骨(嘎拉哈)等。

围鹿棋游戏过程中围追堵截,险象环生,妙趣无穷,其步法特点是围、追、堵、截,很充分地寓意着狩猎生产时的围山、追踪、堵后路、截击的特性。游戏时通常以二人对弈为主,一方执子为鹿,另一方执二十四子为士,鹿可吃士、士不能吃鹿,只能围堵,持鹿者先走,鹿在无士围堵时一次只能走一格,横、竖、斜都可以,而在吃士的时候而跳两格,此时的鹿所跳之格中间必须有士,而士后是空格,鹿可以跳起把士吃掉,鹿被堵住无路时为败,而士无子或不够围堵时也为败。

达斡尔族围鹿棋广泛流传于达斡尔族人聚居地,它是最典型的狩猎民族文化遗产,它将围猎生产转化为智力博弈,体现了民族智慧与生产劳动相结合的特性,具有人与自然共结合,相依存的特征。围鹿棋赋予生活的极大活力和乐趣,是一个民族勤劳的拼搏精神的延续和体现。在达斡尔族人民心中具有非常重要的地位。具有历史文化考察价值和研究价值。

79

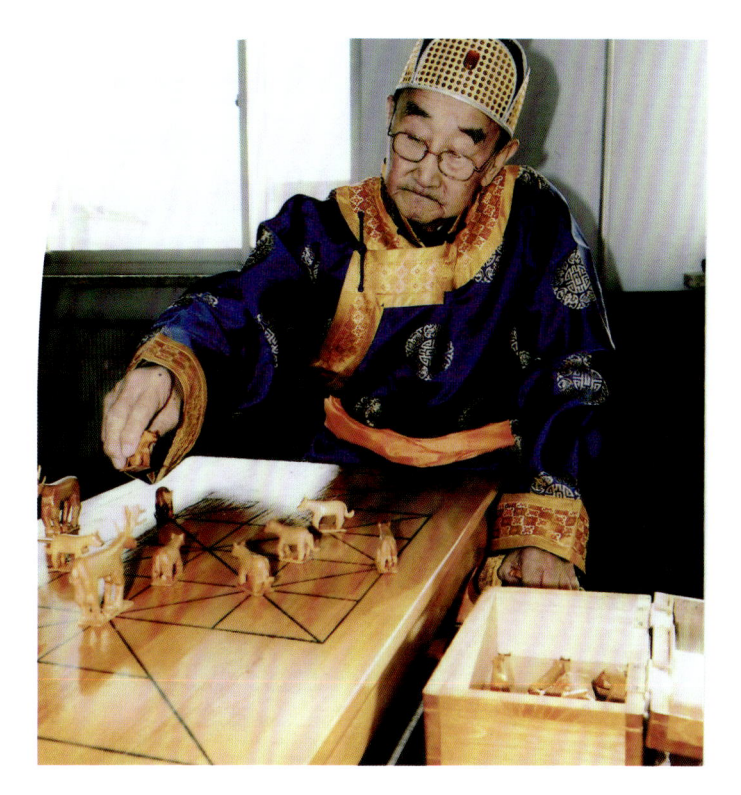

达斡尔族刺绣

达斡尔族刺绣具体起始年代，无法具体考证，但从达斡尔族以鹿、狍子等动物的筋搓成细线、用兽骨凿制成顶针来看，这种刺绣艺术应该始于狩猎时代。清代，内地各种文化逐步传入达斡尔地区，达斡尔族开始使用棉线和钢针，早期达斡尔族刺绣多用在皮毛制品上，随着达斡尔族的生产方式由狩猎时代向农业生产的进步，清代中后期人们开始在布匹绸缎上刺绣，并随着生活的改善而日益提高。

达斡尔族刺绣艺术，不论在色彩还是造型处理上都形成了自己的民族特色，色彩上常以强烈对比的手法。这种刺绣工艺多用于妇女服饰、枕头绣片、男人使用的烟荷包，妇女使用的香囊荷包和烟荷包、鞋面、手帕、儿童摇篮背枕、手套、钱搭袋等。刺绣针法有平针、锁针、辫纹针、回针、缬针等；以刺绣方式而论有平绣、锁绣、缬绣、补花绣、堆绣、折叠绣等。以刺绣题材来说，有植物纹、几何纹、吉祥纹、文字纹，山石树木小桥流水亭台楼阁、神雯、文房四宝、人物故事、民间故事、汉族经典文学作品等为主。

达斡尔族的刺绣品尤以荷包、鞋面和枕头绣片为代表，通常在浅色底衬上绣制时，多用小块强烈对比色合并使用，由于浅色面积较大，尽管绣图中色彩比较繁杂，也能统一协调于底色之中。在以风景为主的山石花草树木的描绘上，采用了变形夸张的手法。很多刺绣艺人对她们所刺绣的景物、鸟兽虫鱼蝶并未亲眼见过，但依然很美丽，这一点使得达斡尔族刺绣技法形成了自己的特色，发展了自身的审美价值观念。

达斡尔族刺绣艺术是集美学、史学于一体的活化石，是达斡尔族人民聪明才智的体现。

俄罗斯族列巴

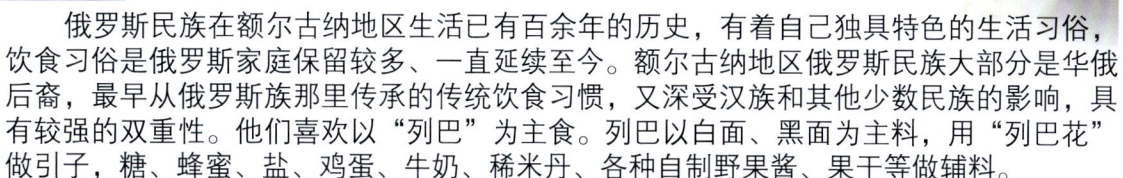

俄罗斯民族在额尔古纳地区生活已有百余年的历史，有着自己独具特色的生活习俗，饮食习俗是俄罗斯家庭保留较多、一直延续至今。额尔古纳地区俄罗斯民族大部分是华俄后裔，最早从俄罗斯族那里传承的传统饮食习惯，又深受汉族和其他少数民族的影响，具有较强的双重性。他们喜欢以"列巴"为主食。列巴以白面、黑面为主料，用"列巴花"做引子，糖、蜂蜜、盐、鸡蛋、牛奶、稀米丹、各种自制野果酱、果干等做辅料。

列巴的做法颇为考究，制作方法：将晾干的"列巴花"制成"列巴引子"。先将"列巴引子"用温水泡开，放入面粉搅拌成糊状，放置一段时间，待面糊发酵起泡时，放入调好的鸡蛋、少许盐、白糖、溶化好的奶油，再加入干面粉搅拌均匀成软面团状，放置数小时待面团发酵膨起时，再搅拌均匀，即可取面团做列巴。根据自己的喜好，用各式专用模具造型，放入抹有一层油的烤盘中，继续放置一段时间，待造型的面团再次膨起后，放入烤炉内烘烤。俄罗斯主妇一般凭炉温、靠经验来确定烤制食品的时间，一般以外层变成淡黄色即可。将烤好的列巴取出，趁热在列巴表面刷一层奶油便成。此外，俄罗斯家庭烤制的作为日常主食的列巴以酸列巴为主，因他们的正餐有菜与汤，与酸列巴一起食用最适口。酸列巴的制作方法如同甜点列巴，只放盐不加其他辅料。俄罗斯族主妇凭多年积累的经验掌握面粉发酵程度，让人吃后觉不出有什么酸味，口感非常好。

列巴在俄罗斯族人眼中个仅是普通主食，而且是最珍贵的食物，具有许多非常重要的象征性意义，同时列巴也受到各族人们的喜爱，成为馈赠亲朋的佳品，也成为我市的民族特色食品。

文化博览丛书·非遗卷

鄂伦春族狍皮制作技艺

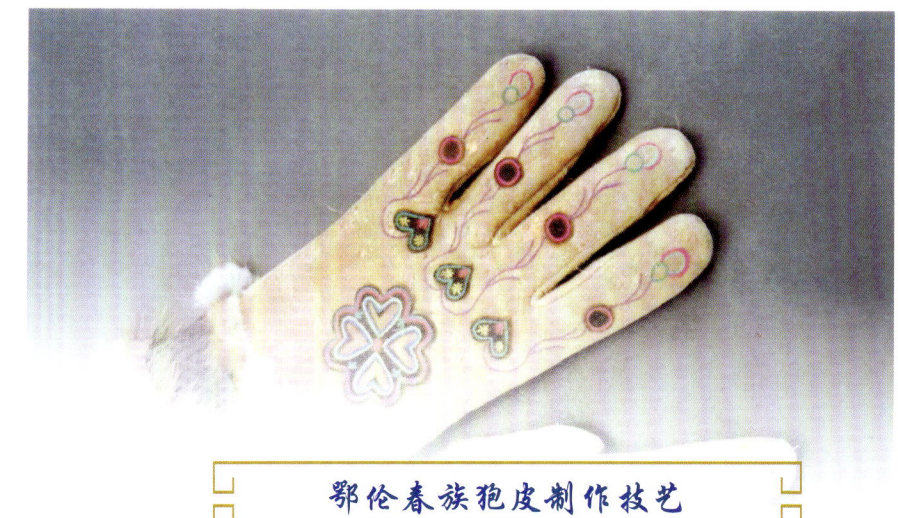

兽皮文化是森林狩猎民族创造的古老文化，具有浓厚的民族特色和较强的地域性，这种文化主要分布在北半球寒带地区，在我国主要分布在大小兴安岭，这里森林密布，气候寒冷，生活在这里的鄂伦春民族，延续发展了兽皮文化。

兽皮文化是特定的历史条件下产生的独特文化，在人类最初阶段，原始的狩猎生产生活，决定了他们以兽肉为食、兽皮为衣的生活方式，兽皮文化是森林狩猎民族聪明智慧的杰作，我国古代北方民族：东胡、匈奴、鲜卑、契丹、女真等都经历了森林狩猎生活，并创造了兽皮文化。今天生活在大小兴安岭的鄂伦春民族继承、延续、发展了兽皮文化。兽皮生活用品主要有：狍皮被、狍皮大衣、狍皮手套、狍角帽、套裤、靴子等。制作工具主要有熟皮子使用的木扎刀，"乌""毛丹""贺得勒"等。兽皮文化不仅是中华民族的宝贵财富，也是世界文化的瑰宝。

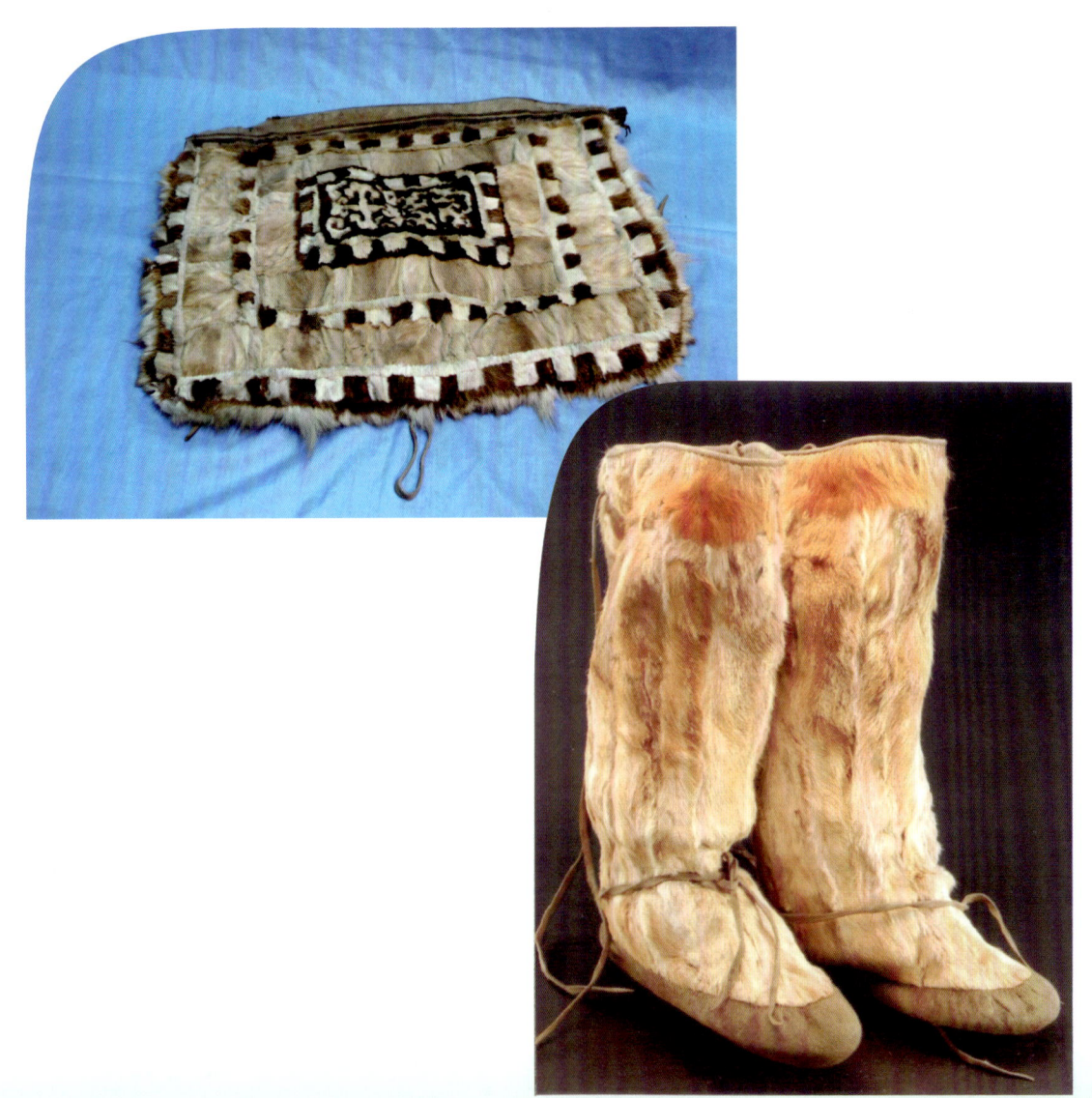

文化博览丛书·非遗卷

鄂伦春斜仁柱制作技艺

房屋建筑是人类的基本活动之一,也是人类文化活动的一个重要组成部分,鄂伦春民族游猎时期住的房子叫"斜仁柱"(圆锥形的原始住所),"柱"在鄂伦春族语中是"房"的意思。

"斜仁柱"也称"仙仁柱"或"撮罗子",是森林狩猎民族早期比较原始的住房,这种住房在我国有着悠久的历史,在南北朝时期的钵室韦就是以"桦皮盖屋",继而鄂伦春人由于世代游猎生活,继承了这一便于拆搭、迁移房屋的居室文化,一直延续到1958年鄂伦春人定居。"斜仁柱"的建造方法是,首先用二三根粗壮、结实、带两杈的桦木支杆,斜立起来,搭成人字型,起到支撑、固定的作用。然后用20根左右的木杆依次交叉搭在人字架上,"斜仁柱"的骨架便搭起来了。骨架搭起后,接下来便是制作覆盖物了。覆盖物有几类。第一类是皮制的"额伦",用熟制好的狍皮缝制成扇形围子,一般毛朝外,皮子朝里覆盖在"斜仁柱"的骨架上,门的位置吊上一块大小合适的皮帘。狍皮围子是专在冬季时覆盖的,起保暖、防风、防雪的作用。人们在狍皮围子顶端缝上一块皮子,顶端用草围子封顶,烧火时拿下,利于通风。覆盖物的第二类是"体哥沙",是用桦树皮制作的扇形围子,春夏季节大多在"斜仁柱"上覆盖桦树皮,先把桦树皮用开水煮两三天,待平整、阴干后再一块一块地缝制起来,否则就会变形。覆盖物的第三类是用草或苇帘子作围子,用草覆盖通风透气好,室内凉爽宜人,光线也好,是夏季理想的覆盖物。

鄂伦春人居住的"斜仁柱"是游猎时期创造的居址文化,是在特定的历史时期和生活环境下产生的,随着鄂伦春族定居后,"斜仁柱"也逐步走出鄂伦春人的生活,只能在博物馆里看到,因此需要及时对其制作技艺加以保护,保留这一独具特色的鄂伦春民族文化。

鄂温克兽骨制品

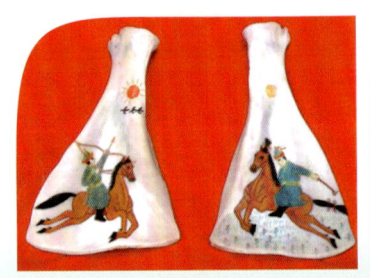

由于鄂温克族居住分散，各地自然条件不同，社会经济发展很不平衡。聚居于鄂温克族自治旗和陈巴尔虎旗的鄂温克族占本族人口的半数以上，主要从事畜牧业生产，住蒙古包，过游牧生活。历史上异地而住的鄂温克族居民，曾分别被称为"索伦"、"通古斯"、"雅库特"等。1957年，根据本民族意愿，统一民族名称为鄂温克。鄂温克族自治旗是其主要聚居区，"鄂温克"是民族自称，意为"住在大山林中的人们"。鄂温克族有自己的语言但无文字。鄂温克牧民大多使用蒙古文，生活在鄂温克旗的鄂温克人以放牧为生，在鄂温克族的日常生活中，从七八岁开始学习世代相传的雕刻、压印、绘画、拼贴等手艺，逐步产生了钻研技艺的热情，对器皿用具进行美术创作。图样多源于生产、生活之中，有花草、树木、山峰、虫鱼、石崖等模仿自然构图，具有独特的民族风格。

鄂温克骨制品就是其中一项具有特色的鄂温克民族的手工技艺，久以失传，生活在鄂温克旗辉河地区的鄂温克人挖掘、整理恢复了具有草原特色的传统手工技艺兽骨制品。由羊胛骨、跗骨用牛皮连接一起做成的。伊希哈艾康鼓，为代表作品。

文化博览丛书·非遗卷

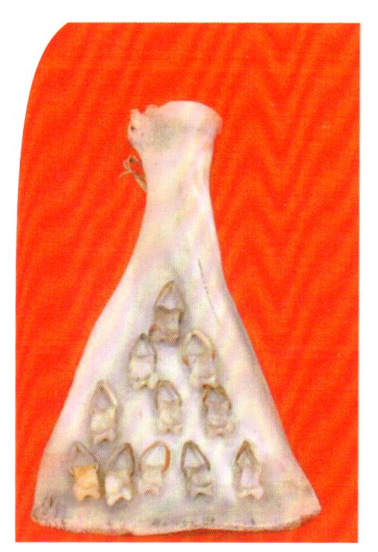

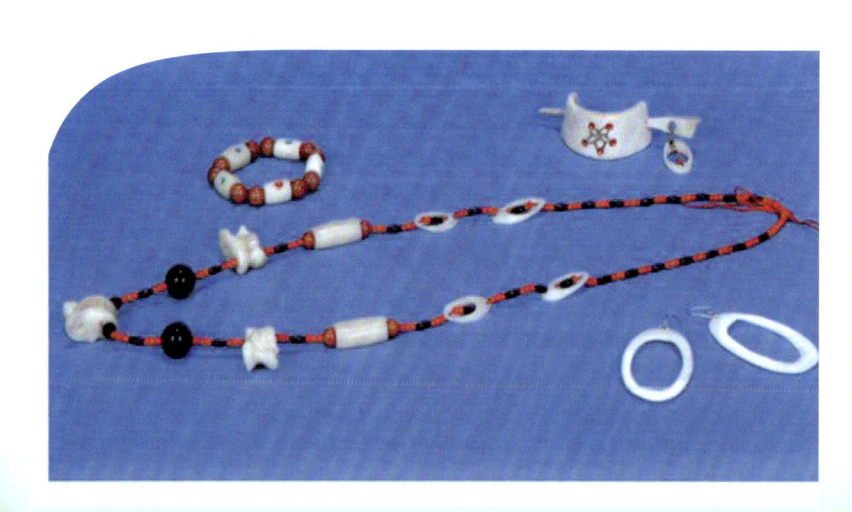

87

文化博览丛书·非遗卷

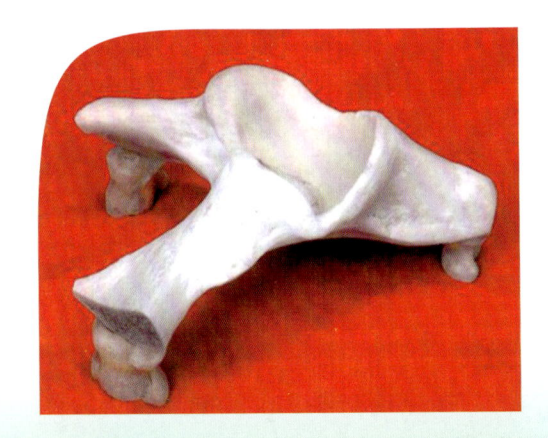

鄂温克柳条包

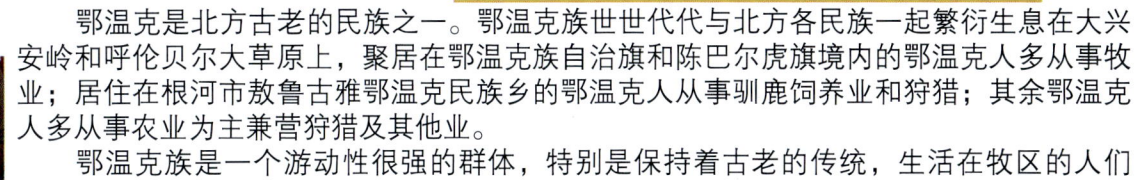

鄂温克是北方古老的民族之一。鄂温克族世世代代与北方各民族一起繁衍生息在大兴安岭和呼伦贝尔大草原上，聚居在鄂温克族自治旗和陈巴尔虎旗境内的鄂温克人多从事牧业；居住在根河市敖鲁古雅鄂温克民族乡的鄂温克人从事驯鹿饲养业和狩猎；其余鄂温克人多从事农业为主兼营狩猎及其他业。

鄂温克族是一个游动性很强的群体，特别是保持着古老的传统，生活在牧区的人们一直保留着不定期的游牧生活。为了适应游猎和游牧的需要，鄂温克人创造了随时可拆搭的房子。鄂温克人的房子叫"住"，鄂温克人历史以来的房子有撮罗子、木刻楞、欧窝住等。

阿斯钢·特·官布扎布版的《蒙古秘史》42页中写道"跟着野鹿的蹄迹 踏过崎岖的山路 住着柳条的小屋"在后半段中又写道"顺着野鹿的蹄迹 穿过险恶的小径 跑进了不儿罕山的怀抱 盖起柳条的小屋"。

在余大均译注版的《蒙古秘史》第111页 卷三第103节中写道"踏着鹿走的小径，登上不儿罕山，用柳条搭起棚屋居住"。在后半段中又写道"循着驯鹿走的小路，登上合勒敦山，用破开的柳条搭起棚屋居住"。都写到了"循着驯鹿走的小路"和"用柳条搭起棚屋居住"两句话就道出了现在北方少数民族只有鄂温克族至今沿袭并保留了住柳条屋（今鄂温克牧包）的习俗。

乌可：鄂温克包的门叫乌可鄂温克包的门是用樟子松、落叶松做的

额日和：是鄂温克住顶上的天窗。

桦树皮制作技艺

敖鲁古雅鄂温克民族的工艺美术品独具风格，具有浓郁的森林狩猎特色。民族手工技艺和制品精美绝伦，在民族风物的百花园里，是一块闪光的民族瑰宝。

敖鲁古雅鄂温克狩猎民族是典型的森林民族，他们居住的大兴安岭地区到处都是枝繁叶茂的白桦林，这为桦树皮制作工艺提供了良好的生长环境和丰富的桦树皮使用资源。

桦树皮制作工艺有着独特的制作方法，按照创作意图选择桦树皮原材料。而每年的五、六月份是剥取桦树皮的最佳季节。提前了，桦树皮较干，韧性不好，错过时节桦树皮就会变硬。选材主要选择树干笔直、树面比较光泽又无硬结的树。再根据所制器物的需要量出长度，然后在树干的上下各划一圈，中间再竖划一刀，稍稍一启，整张的桦树皮剥落下来。把桦树皮里面凹凸不平的硬皮部分剥去，用水煮或隔锅蒸将桦树皮变软以便裁剪。然后将它们摞起来压平，最后根据需要进行裁剪制作。对接处有的是用狍子、鹿的筋线或马尾和麻搓成的线缝合，有的是咬合，就是将对接处的桦树皮剪成锯齿状，两片桦树皮互相穿插咬合，最后在对接处涂上兽油用火烘烤。经过切剥、编制、对拼、刺花、压边等十余道工序就可以制作成质地柔韧、颜色柔和、防腐耐潮、样式繁多、经久耐用的桦树皮制品。

敖鲁古雅鄂温克民族桦树皮手工技艺，主要是继承祖先的手工艺技能，世世代代言传身教，并且在生产中不段完善制作技能，利用自然条件，充分发挥桦树皮的最大性能。在追求实用的同时，更注重装饰性，每一件桦树皮制品都是一件精美的艺术品。是敖鲁古雅鄂温克猎民对森林文化的一种延续。

早在3000年的原始时代，鄂温克族的祖先就以聪明的才智用桦树皮制作生活器具和交通工具，在北方少数民族文化发展史上创造出具有地域特征和独具特色的"桦文化"。

桦树皮制作技艺自诞生之日起，就具备了双重文化性。它既是我国北方地区狩猎民族特有的一种物质文化，也是敖鲁古雅鄂温克狩猎民族的精神文化产物。桦树皮手工制作技艺和桦树皮制品更是敖鲁古雅鄂温克狩猎民族最直观的民族文化样本，是一块闪光的民族工艺制作瑰宝。

文化博览丛书·非遗卷

蒙古包营造技艺

苇帘蒙古包是陈巴尔虎蒙古人的民间手工技艺杰作，是具有典型代表性的民间手工技艺。它因地而制，就地取材，手工制作，美观大方，夏季扎包、凉爽宜人、不漏雨水。

在巴尔虎草原上聚居的陈巴尔虎人过去较普遍的制作苇帘包，统称"胡鲁森格日"，即苇帘蒙古包。顾名思义，是用苇子抱盖的蒙古包之意。

苇帘蒙古包产生于18世纪中叶。陈巴尔虎人于1732年自齐齐哈尔迁移过来，驻守呼伦贝尔。当时的人们就利用当地自然资源柳条杆，湖边长的芦苇搭制了夏天住的蒙古包。

蒙古民族游牧文化是在悠久的生产斗争、生活实践中积累形成的，她与自然环境相适应，容纳了各种先进文化，特别是具有自己的地域、历史、文化特点，有深刻的哲理，对民族地区的社会和历史发展有巨大的贡献，是人类不可磨灭的宝贵遗产。

巴尔虎游牧文化之所以能够吸引中外游客，是因为它能体现当今世界上唯一保持着没有受到任何污染的草原生态和草原游牧文化。弘扬蒙古民族的游牧文化，要把蒙古民族宣传到世界各地具有深远的历史意义。

文化博览丛书·非遗卷

94

巴尔虎索海固图勒制作技艺

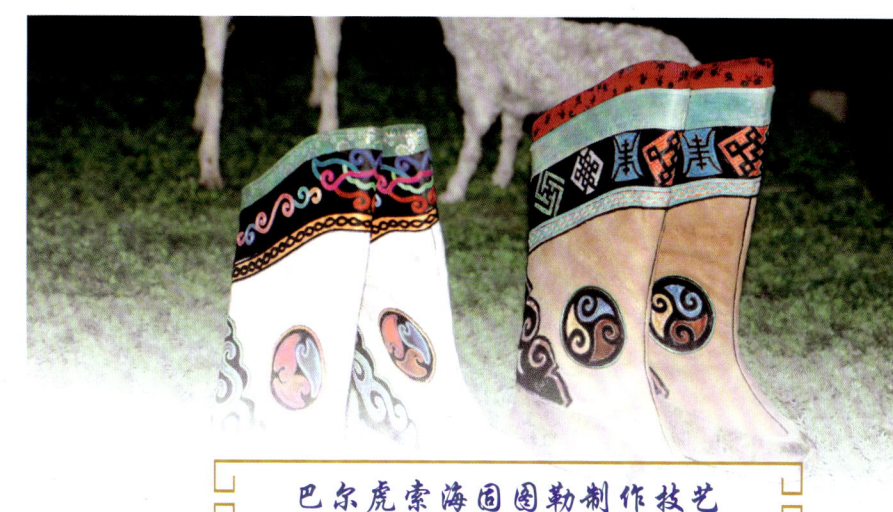

　　陈巴尔虎旗服饰文化的索海固图勒（巴尔虎靴子）作为蒙古族游牧文化的主要标志之一，历史悠久，以其独特的款式风格和不息的生命力世代相传，受到世人的瞩目。它是巴尔虎人在长期的游牧生活中产生的，是适应游牧生活特点的纯手工产品，据考证已经有200年以上的历史。

　　"索海固图勒"堪称巴尔虎服饰的精品。冬天穿的索海是用山羊皮做靴靿，用生牛皮做靴底；夏季穿的索海靴靿用白布和白帆布密纳而成，用生牛皮做靴底，用绿色和黑色大绒镶边，沿边加镶各种云头，后跟两侧镶漂亮的云头。冬季加穿毡袜子，既轻巧又保暖，非常适合野外作业。

　　索海固图勒制作工艺复杂，全过程和材料均来源于游牧生活。其工艺流程既科学又自然环保，属传统民族特色的纯手工精品，适应北方四季的游牧生活，美观、大方、实用、耐用，体现了"马背民族"天、地、人、自然和谐的风格。不仅适合男女老少，而且根据使用人的性格、年龄、性别、气质等有针对性地制作，充分体现心灵、气质融合产生的内在美、姿态美、材质美、技巧美。

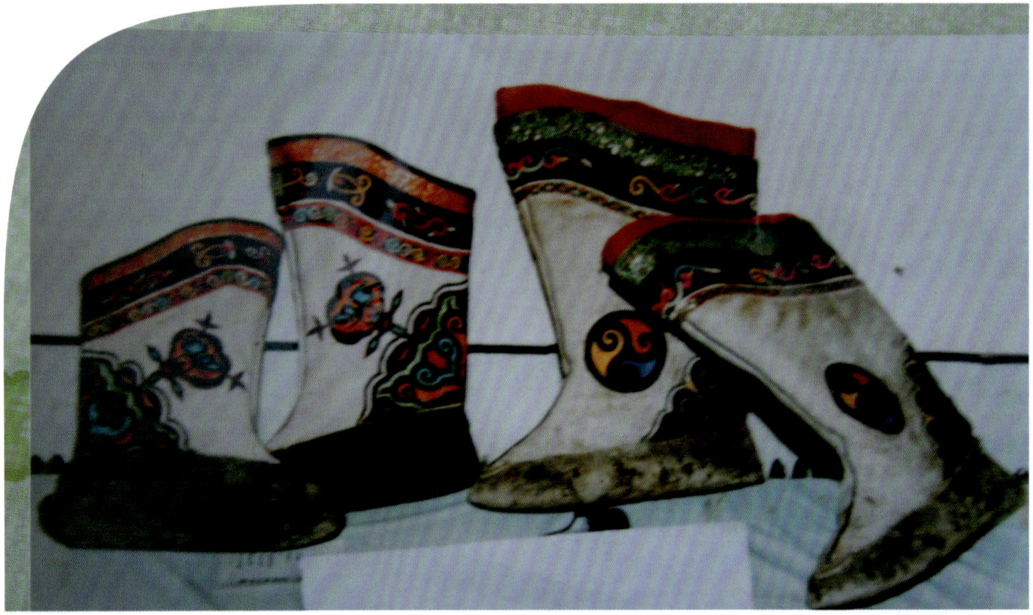

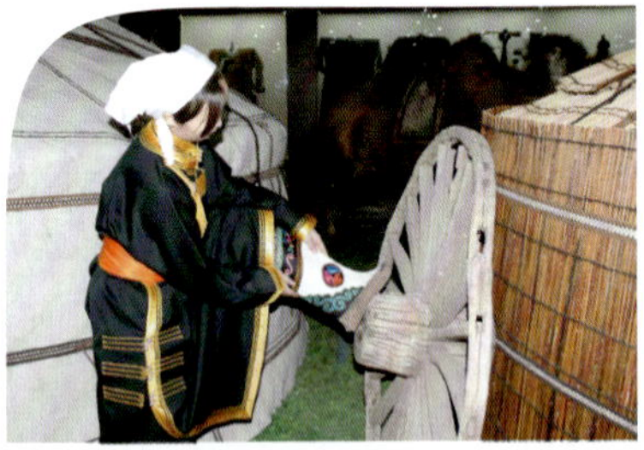

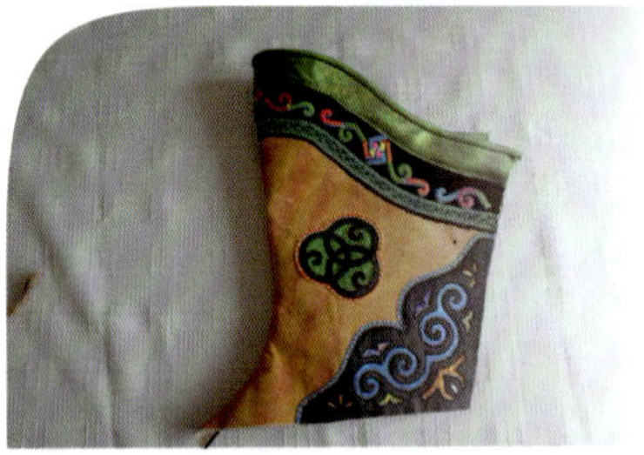

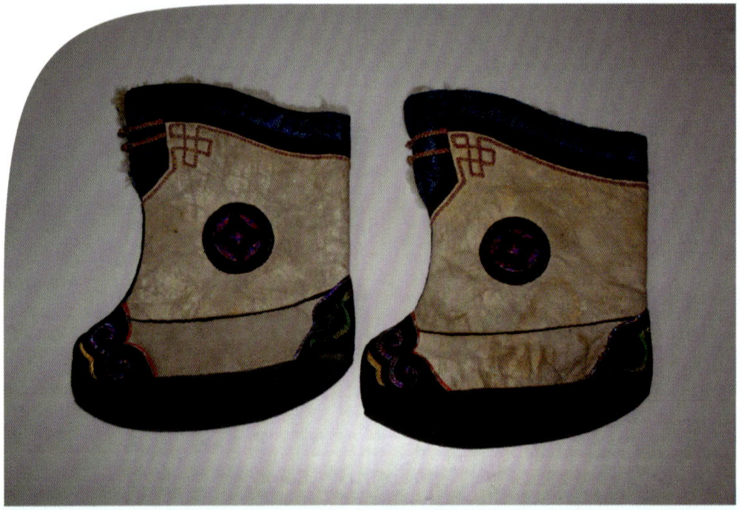

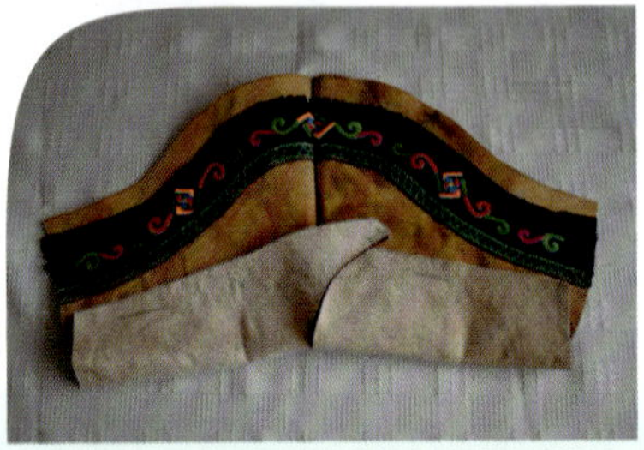

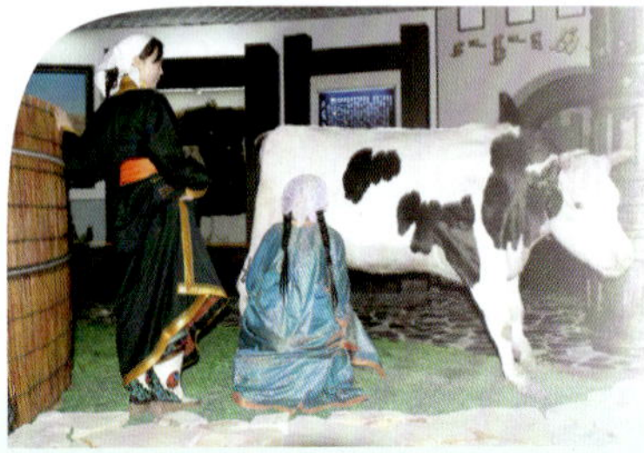

通古斯鄂温克木制四轮车制作技艺

通古斯鄂温克人很早以前使用了除了勒勒车以外木质四轮车"吉绕特尔格",后来使用了"浩德格"。"吉绕特尔格"一般在短途或在家外做事时使用。"浩德格"是俄语,意思是"能者"。通古斯鄂温克人还叫其"鲁擦特尔格",意思是俄罗斯车,因为通古斯人改进木质四轮车的时候外观上吸收了俄罗斯人使用的马车形状。这种车比"吉绕特尔格"高一些,做工更细致,当时是比较豪华的车,通常在路途遥远或喜庆节日外出的时候使用。

木质四轮车——"吉绕特尔格"和"浩德格"是春、秋、夏季比较实用的简易交通工具,其结构简单,使用原材料是干桦木,由辕子、车轮、车轴、车身等部件组成。分前后车角,前车角轮子小,轴上套着根拉杆,拉杆前端嵌着铁牙,牙和前轴拉上铁筋,其作用类似自行车的保险叉,拉杆末端镶着环形铁板,套在轴上。后车角轮子大,车身有两根顺梁,顺梁的一端接后轴,一端接一块短方木,短方木中心有圆孔和前车轴中心的圆孔吻合,插上键钏,前后车角便平衡地连在一起,梁上装车架,便可载货。

木质四轮车直到20世纪七、八十年代,仍然是通古斯鄂温克人主要的交通工具之一。后期随着社会的发展,这种交通工具逐渐被其它先进的机械交通工具所代替。

8. 传统医药

敖鲁古雅鄂温克族传统医药

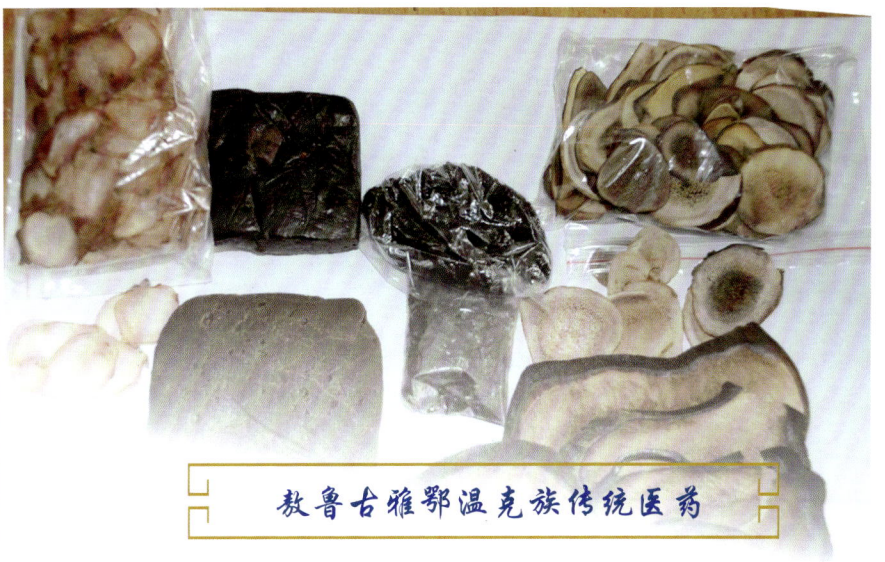

具有五千余年文明史的伟大民族医药，曾为人类的繁衍做出了不可磨灭的贡献。密境大兴安岭，是动植物的百草园，这里为敖鲁古雅鄂温克狩猎民族提供了丰富及宝贵的野生动植物药材资源。敖鲁古雅鄂温克族猎民在长期的生产和生活中，为了生存，不断同各种疾病的侵袭作斗争，积累了丰富的医药知识。在严酷的、包括付出生命和血的代价的实践中，逐步分清了哪些植物是有毒的，哪些植物是无毒的，哪些植物可以入药，哪些不能入药。在许许多多、反反复复的实践中认识了动物的某些部位也可以入药治病。如鹿茸、鹿心、鹿血、鹿鞭等，甚至是山上的泉水也可以入药治病。于是，便开使产生并积累了极其丰富的原始医药知识。

目前初步了解到，在大兴安岭深山密林里生长的一百六十余种植物中能够应用的不下八十余种，动物药材也有十多种。归心草主治心脏病，对风湿性心脏病更是有特殊的疗效。肝复灵主治脾胃失调，对任何病状都会起到清热解毒的效果。归心草、肝复灵的利用，为敖鲁古雅鄂温克族猎民的健康提供了有力的保障，为人类的健康和生存提供了宝贵的资源。敖鲁古雅鄂温克族猎民能够泡制加工和应用的动物药材还有鹿胎、鹿茸、鹿心血、鹿尾和鹿鞭等。

巴尔虎羊脏疗法及正骨

　　巴尔虎羊脏疗法及巴尔虎正骨是一个有着悠久历史的民族传统医术。是巴尔虎民族劳动人民在长期的游牧生活生产中总结经验，不断实践的基础上，吸收和借鉴其他兄弟民族医学理论及相关内容逐步建立起来的，是有着民族特色、地域特色的古老医术。

　　巴尔虎羊脏疗法是祖国传统医学宝库中的一颗明珠，是巴尔虎民族优秀传统文化，它不同于藏药、也有别于中医。它历史悠久、内容丰富、主要有：瑟布苏疗法、羊皮封包疗法、脏器疗法、（羊的五脏六腑、大脑、眼睛、脊髓）、骨汤疗法、羊粪疗法、活羊疗法，因此特别适合北方民族游牧生活的特点。新巴尔虎左旗巴尔虎羊脏疗法从十九世纪开始，在新宝力格苏木芒来嘎查哈格楚德氏、伊景格为代表的老一代民间医人研究、传承下，已经有几百年历史的古老医术得到了发扬广大，在此基础上新宝力格苏木中心卫生院巴德玛苏德大夫从上世纪八十年代开始探索研究，进行挖掘，在呼伦贝尔地区牧业四旗牧民中进行实践，治疗胃炎、肝炎、脑血栓、肝腹水、肾炎、风湿等病，取得了较好的疗效，深受广大患者的好评和认可。为推动我旗医学和民族传统文化起到了积极的作用。

巴尔虎传统正骨疗法是蒙古族传统文化遗产的重要组成部分之一。千百年来在放牧、打猎、射箭、摔跤等生产生活及统一各部落、抵御外侵中结合民族的自身生活习性，地域和气候特色，发明创造了巴尔虎正骨疗法，并不断的加以完善，形成了具有较完善的理论体系，多种手法的正骨疗法。目前，呼伦贝尔市牧区正骨医师大多以巴尔虎、布里亚特传统正骨疗法为主，尤其是解放以来涌现出了伊景格、玛格苏日、边巴、巴乙苏楞、查干喇嘛、拉布扎布、哈斯、照日格图等深受老百姓尊敬爱戴的杰出正骨师。

巴尔虎羊脏疗法及巴尔虎正骨为弘扬民族医药事业，繁荣民族传统文化起到了积极的作用。

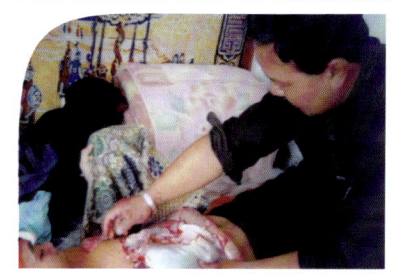

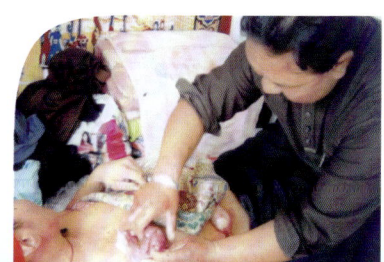

9. 民俗

敖鲁古雅鄂温克婚礼

敖鲁古雅鄂温克猎民的婚姻，实行氏族外婚和一夫一妻制。整个婚礼过程大致分为求婚、订婚、结婚和婚礼四项内容。由于氏族外婚，求婚时氏族间彼此会约定在某地会合，届时双方举家如约前往，并互赠礼物举行丰盛的宴会，席间山珍佳肴应有尽有，此时正是男女青年自己找对象的最好的时候。

在订婚的时候，热恋的男女双方愿意，委托媒人介绍，去时媒人会带一瓶酒到女方家中，说明来意，然后拿出酒来给女方父亲敬酒，女方父亲喝酒，亲事就算成了，反之就没有订成。一般来说没有不同意的，只是让媒人多费些口舌，等把男方的品德、长相和本领了解清楚了，觉得满意再喝酒，按习俗，喝酒时会把女方"乌力楞"所有的人员请来参加，同时，在商定一个地点为会聚的地方，并由女方的父亲做出婚期决定。订婚后，双方照例要赠送一些驯鹿和酒，以及其他动物的皮作为彩礼。

结婚时，男方的"乌力楞"不管离女方有多么遥远，也一定迁徙到靠近女方的地方。结婚那天，新郎和父母都要到女方家去，同时邀请两个氏族里面德高望重的老人和男方"乌力楞"的全体成员。队伍的前面是一位手拿"玛鲁神"的老人，后面是新郎，再后面是男方的父母和"乌力楞"的人们，最后是是牵驯鹿的人。女方也以同样的队伍出迎。双方相遇后，先和玛鲁神接吻，然后两人拥抱并接吻，再互相赠送礼物。新娘送给新郎的一般是一个叫"阿勒玛勒"的桦树皮盒，新郎送给新娘的一般是一副手帕或一双手套。接着新娘从新郎所带来的驯鹿中挑选两头最好的驯鹿，两人各牵一只绕新娘的"撮罗子"走三圈，最后大家都走进"撮罗子"吃喜酒，直到夜晚酒宴结束，举行婚礼。

结婚还不是婚礼日程的最后一项。当婚礼进行时，在河滩上燃起篝火，人们把新郎和新娘拥到篝火边，以篝火为中心围成半圆，由一位长老宣布婚礼开始，由主持用桦树皮杯斟满两杯酒交给新郎和新娘泼在火里，接着再斟酒，由新郎和新娘向双方父母敬酒，然后两人拥抱并接吻，然后手拉手和所有的人员拉成一个圆圈载歌载舞，直到尽兴才归。

新婚的初夜，新郎要留在女方家与新娘度过。第二天的早晨，新郎则领着新娘回到自己的"乌力楞"。女方的人们送行，他们还带着新娘的驯鹿群，等新娘到了新郎的家，这个时候新娘才算是正式嫁给了新郎。在婚姻的结合上，敖鲁古雅鄂温克猎民的婚配，一般是同辈分的婚配，但这不是绝对的，间接辈分的也可以。特别是寡妇再嫁，是会受到社会舆论所同情的，在他们（她们）看来，认为寡妇能够重新找到对象，是一件值得庆幸的事情。

巴尔虎博服饰与器具

　　巴尔虎萨满用蒙语叫"博"。巴尔虎萨满的相关器具有：萨满的敖日贵（神衣）；阿巴嘎拉岱（面具）；麦胡兹（神唱）；贺丝（单面鼓）；达毕乌尔（鼓槌）；豪日毕，八仙卜掛图，四个羊拐，108粒念珠等。巴尔虎萨满的跳神仪式有治病驱鬼祷唱仪式（已成为萨满的传承人治病、驱鬼、驱灾难、为死者送魂、求子仪式）、特力德嘎日合仪式（被选中的萨满传承人祭拜祖先求萨满法力或增高法力的仪式）、祭天神仪式、祭敖包仪式等。各种仪式都有跳神程序，但在请祖先的神跳法、吟唱法、歌词、信徒伴唱等方式上都各有不同。

　　萨满作为神与人的媒介主要交流方式有两种，一是神灵为主体，通过舞蹈、击鼓、歌唱来完成精神世界对神灵的邀请或引诱，使神灵以所谓"附体"的方式附着在萨满体内，并通过萨满的躯体完成神与凡人的交流；二是以萨满为主体，同样通过舞蹈、击鼓、歌唱来做到"灵魂出壳"，以此在精神世界里上天入地，使萨满的灵魂能够脱离现实世界去同神灵交往。上述神秘仪式即被称为"跳神"或"跳萨满"。萨满的职业追求是以各种精神方式掌握超生命形态的秘密和能力，获取这些秘密和神灵力量是萨满的一种生命实践内容。

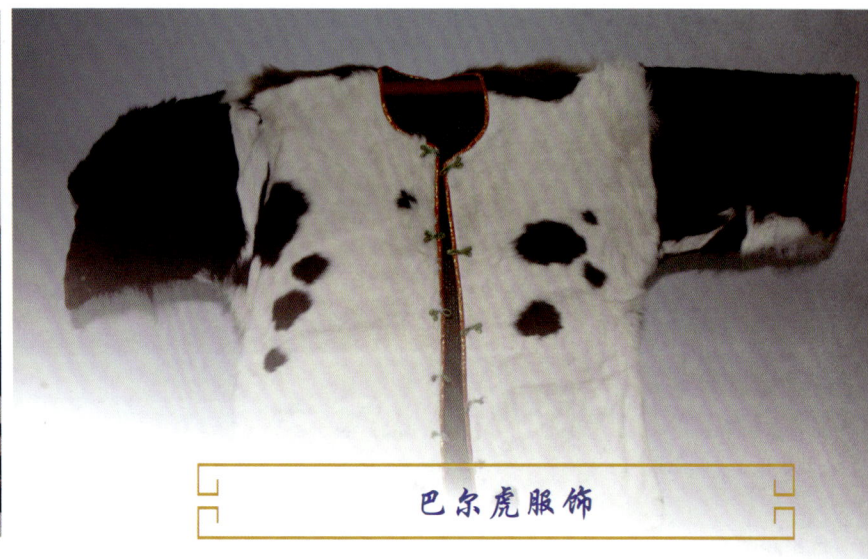

巴尔虎服饰

巴尔虎服饰分为陈巴尔虎服饰和新巴尔虎服饰。

陈巴尔虎服饰文化，作为蒙古民族物质文明和精神文明的主要标志之一，历史悠久，渊远流长，以其独特的款式风格和不息的生命力也世代相传。陈巴尔虎服饰中最有特色的是蒙古袍和其精湛的缝纫手工技艺。陈巴尔虎人冬季服饰以皮袍为主，既保暖又轻便，非常适合在寒冷的气候中作业。夏季穿"特尔力格"，腰束色彩鲜艳的绸丝腰带。青年男子在腰带上佩挂蒙古银刀、烟袋、鼻烟壶等。青年女子佩戴各式新式头巾，佩戴耳环、耳坠、金银戒指等装饰品。陈巴尔虎服饰有：冬季服饰以皮袍为主，有光面皮袍，吊面长毛皮袍，短毛皮袍，羔皮袍，长毛羔皮袍，达哈，库日木，德克泰等。春秋穿夹棉袍，夏季穿"特尔力格"，腰束色彩鲜艳的绸丝腰带。脚穿"索海固图勒"。

陈巴尔虎服饰还要分为四季常服、冠履、配饰、礼服等。

四季常服包括男女光皮长袍、男女羔皮长袍、男女夏季长袍、男子短式达哈、男女坎肩、男子皮制呼日莫、套如等，冠履包括儿童贝图嘎、索海固图勒、圆形筒帽、燕形皮帽、圆顶帽等，配饰包括塔纳、已婚女子发夹、未婚女子配饰等，礼服包括未婚女子礼服、已婚女子礼服等。

新巴尔虎蒙古族服饰很注重色彩的搭配与运用。蒙古族在色彩上是个"尚白"的民族，白色被认为是最神圣、最崇高的颜色，因此，白色特别被蒙古族人民喜爱与尊重，这种对色彩的崇尚也必然反映在服饰上。另外，蒙古族人民生活的环境是一望无际的大草原，在这种大自然色彩的衬托下，蒙古族人民对服饰色彩的要求也是以色彩明亮、浓郁为多。

　　过去蒙古族人民多以皮为服饰布料，而今蒙古族人民最喜用的服饰面料是缎、绸、丝绒等。巴尔虎服饰从整个款式风格来看，较多地保留着古代蒙古族服饰的特点和部落服饰的传统风格。无论男女均穿宽下摆的长袍，男子靠下腰系腰带，以袍上提为美。妇女则以靠上腰系腰带，使上身袍子紧贴身为美。虽然蒙古族服饰有很多不同的风格，但万变不离其宗，多是右开襟，装饰手法刺绣之类的图案纹饰，多镶边滚边等工艺。目前蒙古族服饰还在不断的发展着，愿这颗少数民族服饰的明珠更加光彩夺目。

文化博览丛书·非遗卷

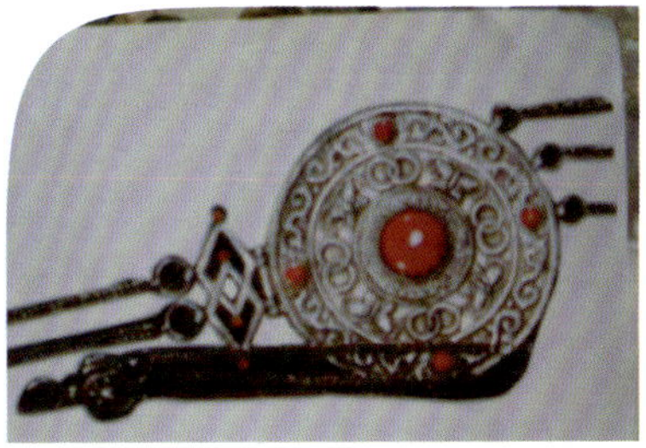

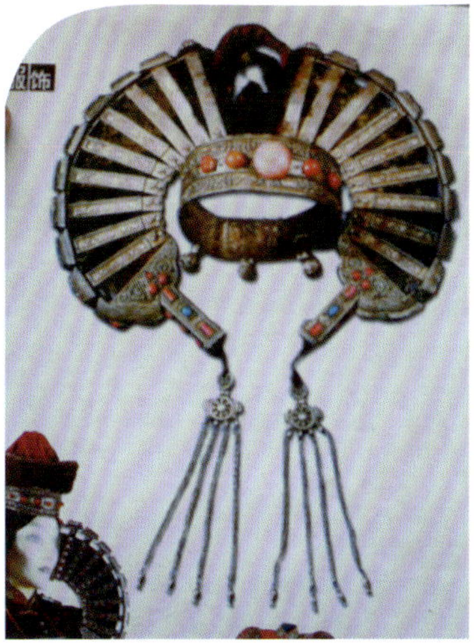

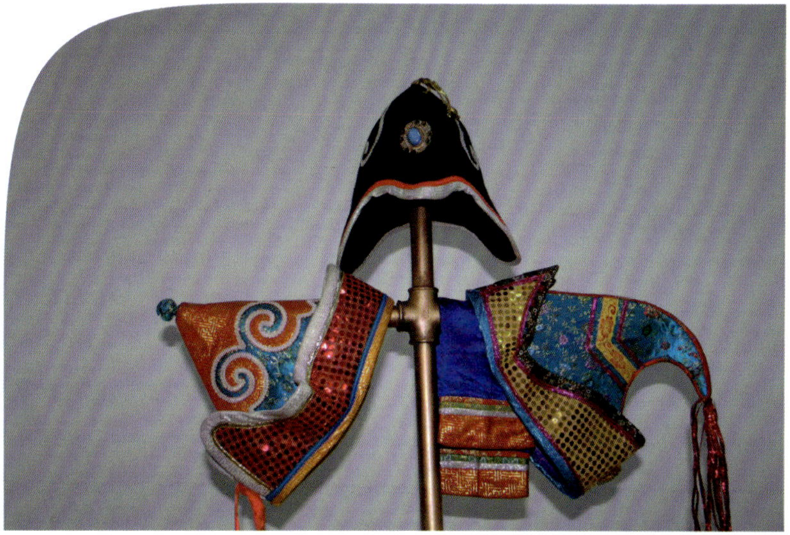

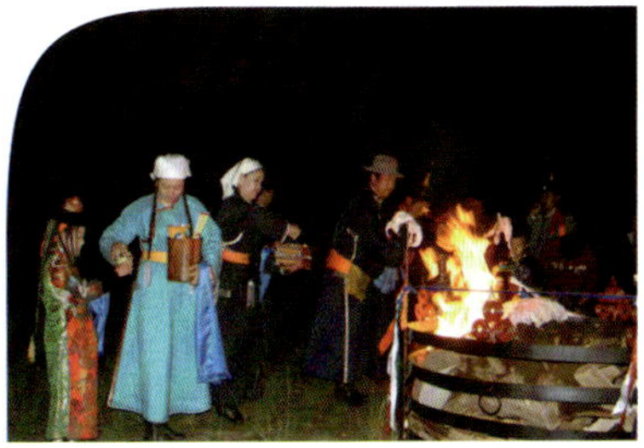

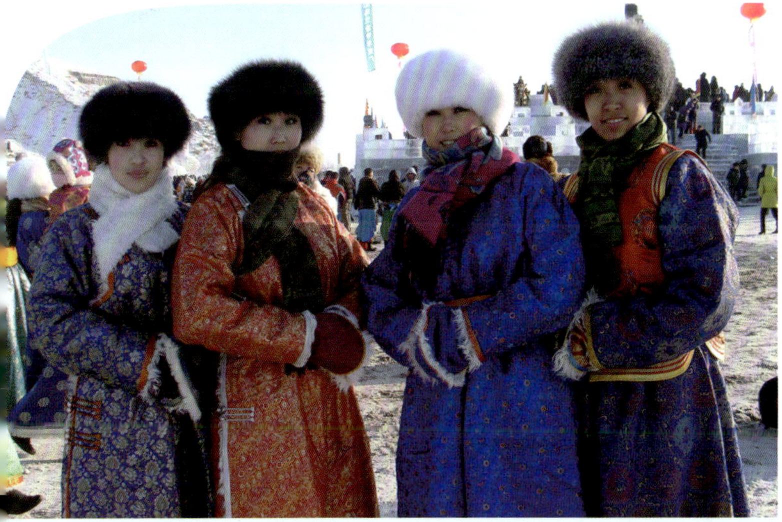

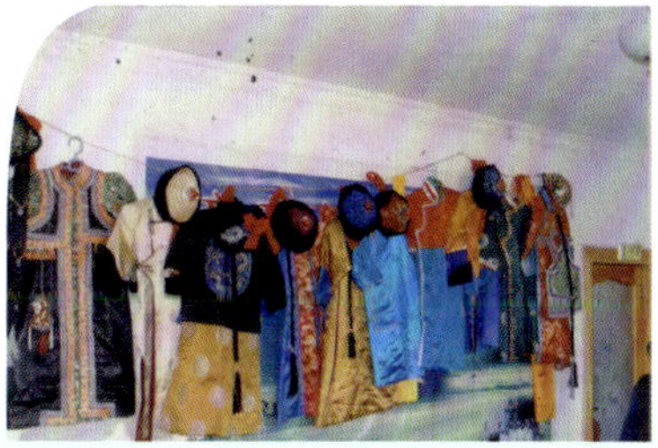

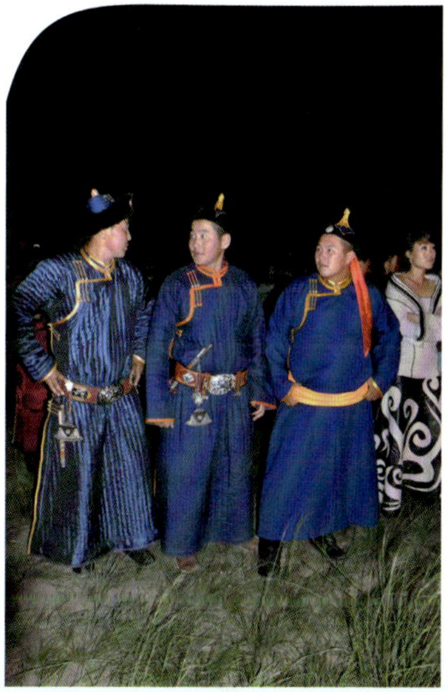

文化博览丛书·非遗卷

巴尔虎婚礼习俗

巴尔虎人作为蒙古族部落之一,他们的婚礼习俗不仅具有蒙古族婚礼习俗还包含着本部落习俗的独特之处,分为古式、旧式、新式婚礼。古代婚礼因受当时经济和文化落后限制,整个过程比较简单。如今随着社会发展有所改变了巴尔虎人的婚礼习俗,大部分依然保留着旧式婚礼习俗。古式婚礼包括提亲、订亲、迎亲、婚礼等仪式。

第一步男方家请媒人到女方家提亲。第二步是定亲仪式,包括五个步骤。即首先定亲;其次商定送彩礼仪式;其三媒人到女方家去正式订婚;其四女婿送彩礼;其五男方父母亲自到女方家商定婚礼的日子。第三步是迎亲仪式。首先新郎婚礼前夜带着迎亲队去接新娘,第二天黎明时出发;其次到婚礼地点之前男方进行迎接送亲队的仪式。第四步进行盛大的婚礼仪式。

具体操办时女方为姑娘准备四季服装和嫁妆以外特意准备一边是圆形、另一边是正方形的新婚长枕头,表示吉祥安康。还送给牛、羊、马等五畜祝愿儿女的生活幸福美满。男方准备崭新的蒙古包和家具。操办婚礼时双方父母邀请懂得传统习俗的一男、一女主持婚礼整个过程。宰牛杀羊准备丰盛的婚礼宴席。

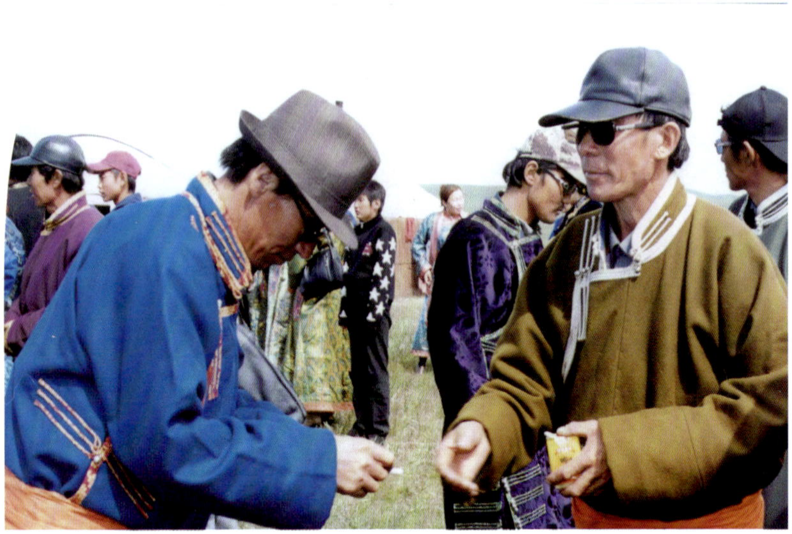

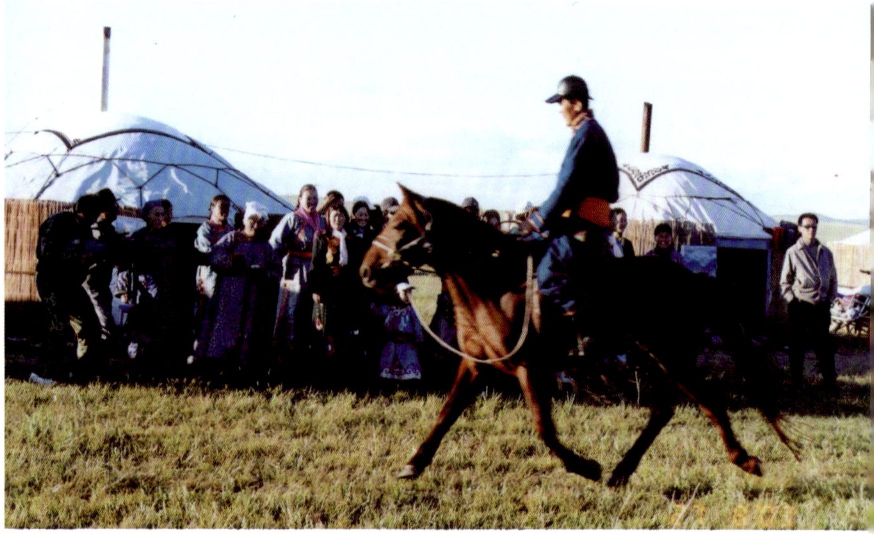

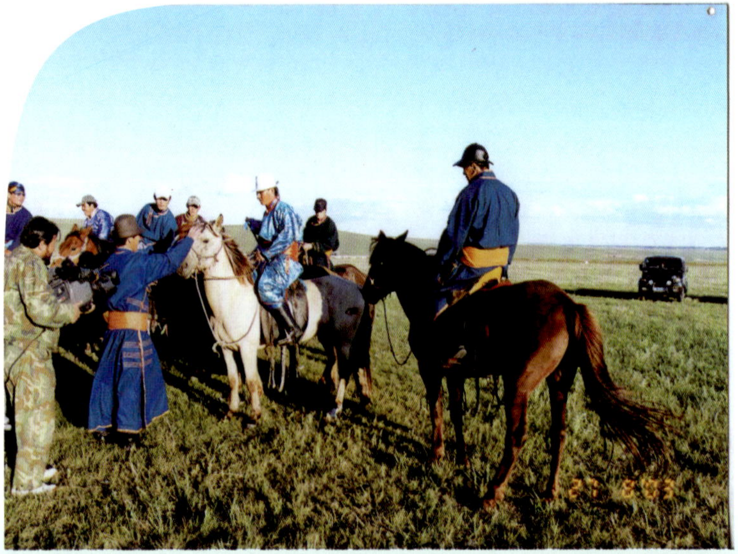

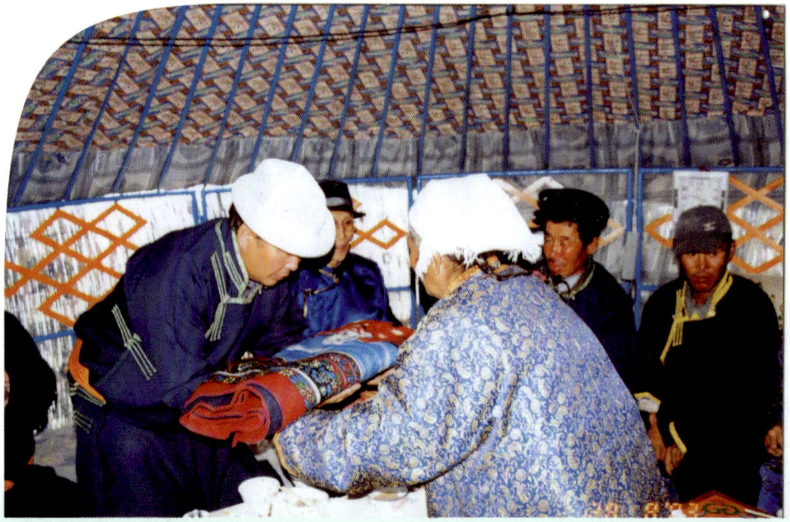

巴彦呼硕敖包祭祀

"敖包",蒙古语,堆子的意思。祭祀巴彦呼硕敖包是鄂温克族自治旗盛大祭祀活动之首。每年农历五月十三的敖包会、丰收会、瑟宾节和冬季那达慕都有大祭,在古时,由大萨满击鼓念咒,顶礼膜拜,祈福祷告,至今在巴彦呼硕敖包民间祭祀时还有萨满祭祀的场景,在近代巴彦呼硕敖包每年进行官祭时,由众喇嘛焚香击鼓,颂词念经,祭祀的人群顺时针转三圈,求神降福祈求人丁兴旺,牛羊成群,风调雨顺,国泰民安。通过"祭敖包"而达到"祭祖先""祭天""祭地""鬼神"的目的。

因敖包文化从巴彦呼硕扬名,让全国人们知道"敖包"这两个字,是因为《敖包相会》这首歌曲,所以巴彦呼硕敖包被誉为"天下第一敖包"。是以"祭祀敖包"引发的"敖包会"。可以说是本民族重大的节日。尤其以游牧为生的人们,一年四季逐水草而居,敖包会对很多人来讲,对于这个盛会的期盼远远超出去拜谒敖包宗教信仰的氛围。

一年一度的"敖包会"对一些平时难以会面相识的青年男女来说可谓是难得的良机。"敖包会"白天的活动项目告一段落,夜晚来临大家围在篝火旁唱歌跳舞,老人们吃肉、喝酒、叙旧,可是对那些还没有找到对象的年轻人来说,还有比这更重要的事要办,那就是"约会"。确定作终生伴侣,来到敖包这神圣之地,表达忠贞不渝的爱情祈祷永生安宁幸福的场面,继而有了这首脍炙人口的歌曲《敖包相会》歌曲。巴彦呼硕敖

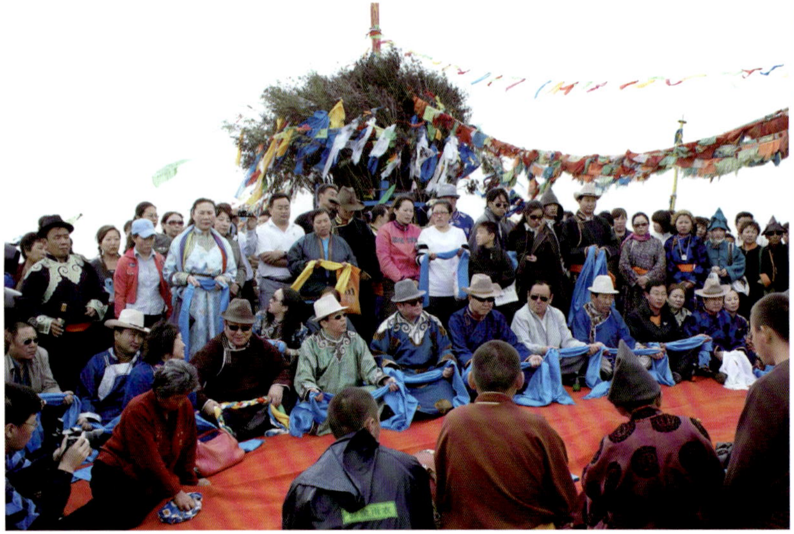

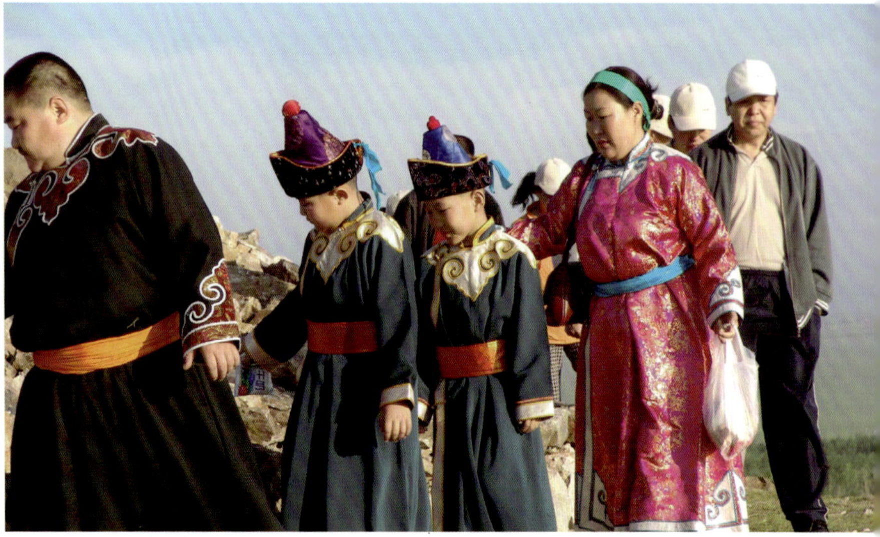

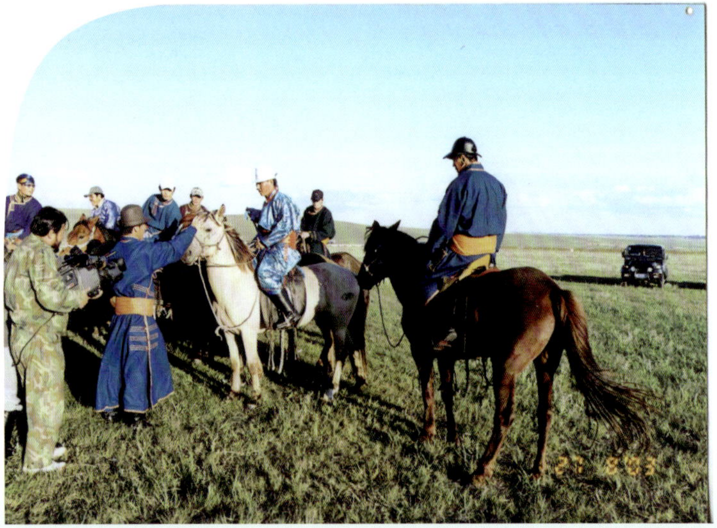

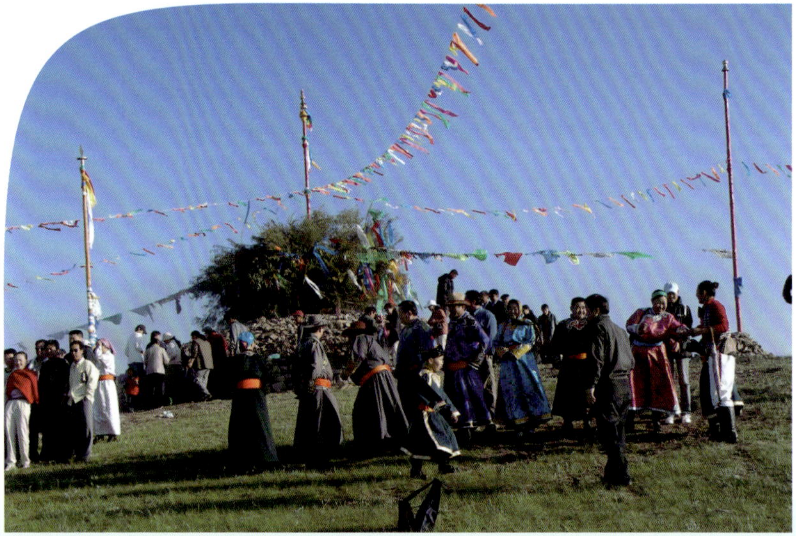

包山的东南方位和西南有太阳湖和月亮湖,伊敏河水绕敖包而过,歌曲《敖包相会》在巴彦呼硕敖包山上演唱是隐喻为让爱与日月同辉,山盟海誓,那恩纳(天神)见证,让情与山河共存。《敖包相会》音乐作品以《敖包相会》为主线,用诗体语言,以叙事诗方式写实敖包旁相会的情节。

蒙古族朝圣地
Mecca of Mongolian People

宝格德乌拉——蒙古族朝圣地，中国最大的自然天坛

宝格德乌拉（圣山）是我国草原上自然形成的最大的"敖包"，千百年来成为降福与庇护这方水土这群族人的神圣领地。去仰视这静默了千年的圣山，那威仪、那冷静、那种圣的祭祀活动是以让人顶礼膜拜，足以让全世界都为之惊叹！

【旅游体验】

"宝格德乌拉"是蒙古语，为"神山"或"圣山"之意，海拔922.3米，是我国草原上自然形成的最大的"敖包"。

在有文字记载的近三百年中，每年的农历五月十三和七月初三，生活在内蒙古草原上的牧民扶老携幼，从四面八方自发的聚集在这里，进行着最隆重最神圣的民间朝圣、祭拜祭山仪式，祈祷苍保佑草原上的生灵兴旺平安。

在这种始于原始原生态的祭祀朝圣中，高僧主祭，为凡祈祈福，马头琴悠扬、长调辽远、赛马、射箭、棒跤……世世于此的蒙古牧民，秉献草原的灵性、智慧，将蒙古族原生的历史、宗教、文化积淀、淋漓尽致表达出来。整个祭祀朝圣活动完美地表达了蒙古人崇尚自然、天人合一的崇高理念。冥冥之中，在这草原上的千年祭祀带给人们一种澄彻心灵的纯净感受……

宝格德乌拉祭祀

关于宝格德乌拉圣山有很多美丽动人的传说，相传当年成吉思汗西征时，一日兵败，成吉思汗率兵退至宝格德乌拉山脚下，敌军很快就追赶上来。此时，将士们又饥又累，只好登山暂避，等待援军。成吉思汗率兵刚刚到了山上，追兵就又追至山下，成吉思汗仰天长叹："难道我命该如此？大山，请保佑我！"霎时间，云雾满山，山上山下一片云海，敌军怕有埋伏，迟迟不敢进兵。约一个时辰之后，一名小校来报"救兵到"。成吉思汗向小校看去，只见自己的大军从四面围拢而来。成吉思汗在山上挥动令旗，全军壮士奋勇争先，一举歼敌，很快就转败为胜。这一天正是农历七月初三，大汗得胜之后抚胸告天："我得以免灾，我之区区性命，被宝格德乌拉山所搭救，日后我必常常祭祀此山。我的子子孙孙当与我一般祭祀。"当天就率大军在此敬拜，组织庆祝活动，封大山为"圣山"。倥偬之间，多少年过去了，草原遭受了严重的自然灾害，人畜死亡无数。几位老年人祭拜宝格德乌拉山保佑草原上的生灵兴旺平安。说也奇怪，从此，草原上恢复了往日的安宁，人畜兴旺，祈祷的这天正好是农历五月十三。

每年的农历五月十三和七月初三，草原上牧民都要在宝格德乌拉山举办隆重的民间祭山盛会。数百年来，方圆几里的上万牧民如期而至。有高僧主祭，为草原祝福。祭祀时节，阴云掠山，细雨蒙蒙，令人称奇。盛会期间还进行摔跤、赛马、射箭等传统的"男儿三艺"比赛。此外还有民族广场舞、乌兰牧骑文艺演出等各种文艺活动。

蒙古族的敖包祭祀始于元代，祭敖包原来是萨满教的一项图腾祭祀活动，后来喇嘛教取代萨满教后，这一项祭祀活动也被纳入喇嘛教，同时也增加了宗教色彩。每年的农历五月十三和七月初三，草原上牧民都要在宝格德乌拉山举办隆重的民间祭山盛会。数百年来，方圆几里的上万牧民如期而至。有高僧主祭，为草原祝福。祭祀时节，阴云掠山，细雨蒙蒙，令人称奇。盛会期间还进行摔跤、赛马、射箭等传统的"男儿三艺"比赛。此外还有民族广场舞、乌兰牧骑文艺演出等各种文艺活动。

宝格德乌拉山祭祀盛会是内蒙古呼伦贝尔草原上最大的民间敖包祭祀活动，也是新右旗主要的旅游项目之一。将其传承和弘扬开来，打造成文化品牌，不仅对我旗旅游业的发展起良好的促进作用，还深入挖掘巴尔虎民族文化具体重要的意义

布里亚特蒙古族乌日木

布里亚特蒙古人有着其他蒙古族部落所没有的称作"乌日木"的食品。乌日木是布里亚特蒙古族祖先传承下来的营养丰富、纯天然食物制成的食品。属于白色食品。它是布里亚特蒙古人日常饮食生活的必需品的同时,也是春节、庙会、祭敖包、聚会、葬礼等场合接待客人的首要食品。乌日木的特点在于用天然采摘的稠李子,稠李子主要生长在北方林区、河沟、沙漠绿洲,一般成熟于夏季七月,成熟后的稠李子颜色黝黑、有深紫色汁、味道甜美。

布里亚特蒙古族饮食文化是蒙古文化的重要组成部分之一,她有着厚重的文化内涵和文化价值,从饮食文化反映着布里亚特蒙古人在不同地域、不同时代、不同部落的饮食习俗,对布里亚特蒙古族饮食的研究与保护,可以从历史、地理环境、自身传统、文化交流等多视角去审视、了解、追寻布里亚特蒙古部落的脉络。

布里亚特蒙古族乌日木在我国主要分布于呼伦贝尔市鄂温克族自治旗。在国外主要分布于蒙古国的东方省、色楞格省、肯特省以及俄罗斯布里亚特共和国、伊尔库斯克赤塔州阿金斯克区等布里亚特蒙古族群中。布里亚特蒙古族饮食文化是蒙古文化的重要组成部分之一,她有着厚重的文化内涵和文化价值,从饮食文化反映着布里亚特蒙古人在不同地域、不同时代、不同部落的饮食习俗,对布里亚特蒙古族饮食的研究与保护,可以从历史、地理环境、自身传统、文化交流等多视角去审视、了解、追寻布里亚特蒙古部落的脉络。为蒙古学、民族学、民俗学提供历史和学术上的补充。

文化博览丛书·非遗卷

达斡尔雅德根服饰与器具

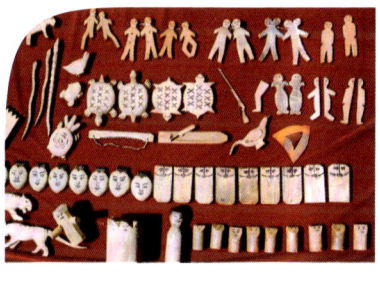

雅德根是达斡尔语,对萨满的称号,雅德根服饰与器具都是雅德根进行萨满祭祀活动中必不可少的法器。

达斡尔族雅德根服饰有多种不同的形式,它们基本上反映萨满文化不同历史时期的不同特征,第一种雅德根服饰为右开襟式皮袍,在双肩上缝有用布作成的小鸟形布偶,服饰的袖管下摆饰有宽带(两袖管各一条,下摆三条)象征神体的四脚八节,帽子顶有鹿角饰,鹿角间有展翅欲飞的鹰塑像,帽前有的挂一面小铜镜或镜子,两侧有刺绣的虎形。帽额下垂饰遮住双眼的彩布辫绳一排,似"流海"形。

在达斡尔族人部分转向农业生产后,他们的观念意识也随之发生了一些变化,从雅德根服饰演变可以清楚地看到这一点,首先雅德根双肩的鸟使者为布谷鸟所替代,成为春天的使者,有神肩上出现了4枚海贝对称组合为"X"形纹样,左右胸前各饰9行共90组,共计360枚的二分之一和四分之一,都表示360天,萨满服后腰裙上有12条短飘带,长短飘带加起来共24条,象征农历的24个节气,12条长飘带,代表一年有12个月。总之达斡尔族雅德根服饰上的变化,除了少数部分保留了狩猎时代的观念,更多的则显示出了由狩猎文化转身农业文化的特征。

达斡尔摇篮

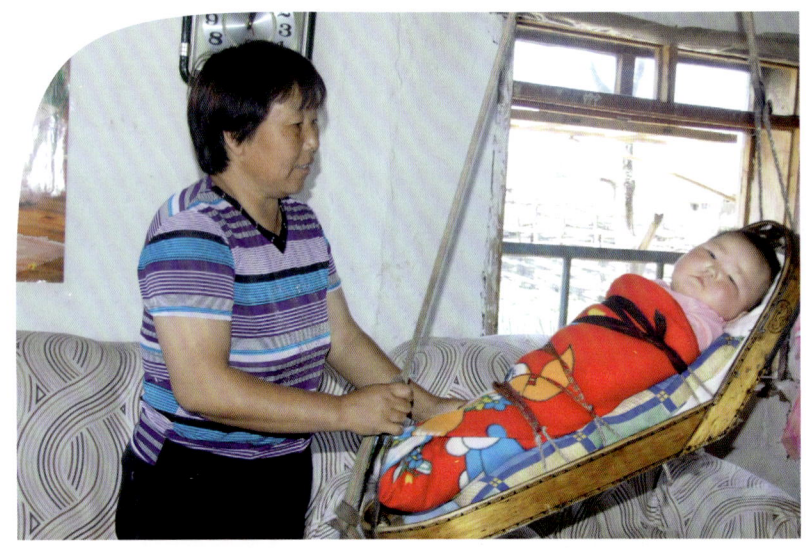

摇篮早在十六世纪中叶达斡尔族就已广泛使用了,早期的摇篮是用柳木条制做的,将粗细均匀的柳条去皮后编成帘子形,也有采用桦树皮缝制摇篮的,到十六世纪末,达斡尔手工艺人采用北方稠李子树、桦木板、椴木板、夹制做图案,摇篮头部和背面多为精美的图案,在底衬布上有"万"字变形符号或"寿"字十花绣,或有五福捧寿图案补花绣,蝴蝶补花绣,十分精致,充分体现了达斡尔妇女聪明才智和精湛的刺绣水平。

达斡尔族摇篮是独具特色的工艺品,集装饰,民间刺绣、销绣、木工为一体,摇篮延续着达斡尔人生生不息,兴旺发达,它传承着民族文化艺人和达斡尔人发展的历史。达斡尔摇篮制做工艺考究,科学实用,外观似一叶扁舟,上下端为弧形,头部与躯干部相连接,头部向上翘起30°,长度为70厘米,宽为30厘米,通体边高8厘米。上下两端各有一个挂套,用牛皮条吊挂在堂屋中央的横杆上,摇篮底部横挂饰物,有鸟禽类腿骨,大鱼的脊椎骨串,鹿科动动的脚骨等,头枕后面有精美的刺绣、销绣图案,是极其精制的工艺品。

达斡尔族昆米勒采食习俗

"昆米勒"是达斡尔语，汉意为柳蒿芽，每年的阳历5月中旬，就是达斡尔族的昆米勒节，达斡尔族男女老少相约结伴，其中以女性最多，她们穿着节日的盛装，成群结队地来到辽阔的草原上，一边对唱山歌，一边采集柳蒿芽。

柳蒿芽一般株高30cm—150cm不等。根状茎横走，地上茎直立，稍具有条棱。单叶互生，中、下部叶矩圆形、披针形或条形，三深裂，边缘有锯齿；上部叶披针形，不分裂，较小；叶背面密被灰白茸毛。头状花序排列成穗状，边缘为雌花，中央为两性花。花冠针形，黄绿色，瘦果矩圆形。遍布大兴安岭南北、呼伦贝尔草原、嫩江平原的河边、江沿的红柳丛中，为生活在农村、山区、牧区、城镇的达斡尔人的饮食增色，成为这个民族的饮食内容。

达斡尔人常说："没有江河的地方，达斡尔人不安家；没有流水的地方，不长柳蒿芽"。达斡尔人逐水草放牧、种田、打猎，吃惯了生长在河边、江沿的柳蒿芽。由这种饮食风俗形成的民俗特点就更是丰富多样了。

达斡尔人喜食柳蒿芽习俗的形成，首先是由生活环境决定的。他们居住的地方遍地生长柳蒿芽，为达斡尔人民世世代代的采集活动提供了取之不尽的场地；二是因为整个民族喜好柳蒿芽微苦清香的特殊味道；三是达斡尔族对它的别具一格的制作方法：内放芸豆——体现出这个民族很早就从事农耕的特点；放猪肉、鱼、肥肠——从事家畜饲养，过去，他们食不果腹，衣不遮体，只好采集柳蒿芽度饥荒、熬日月。因此达斡尔人称它是"救命菜"。达斡尔人靠着它，渡过了最艰难的岁月，才得以生存繁衍。在柳蒿芽那清香微苦的味道里，包含着多少达斡尔人的苦难与欢乐啊！达斡尔人对它的真挚感情是从苦难的历程中培植起来的，是不可磨灭的。

达斡尔族萨满文化

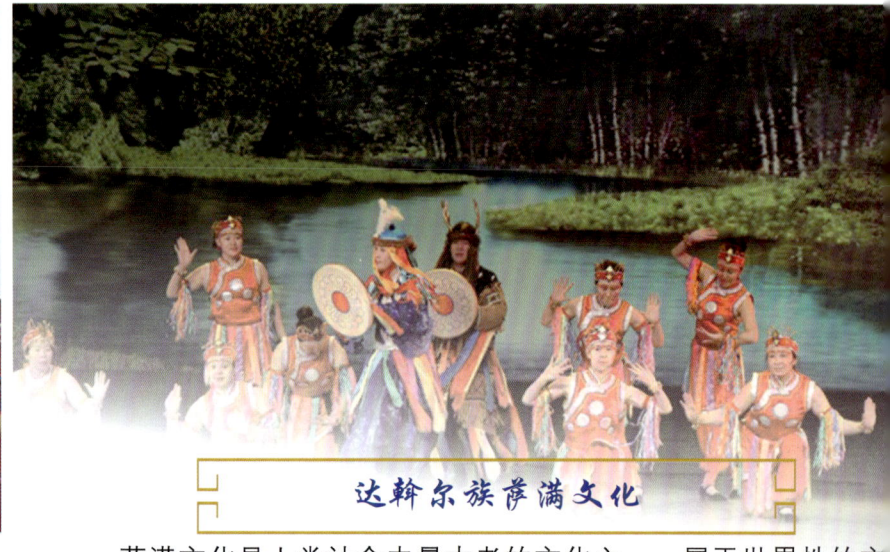

萨满文化是人类社会中最古老的文化之一,属于世界性的文化现象,它的范围囊括东亚、北欧、北美等地,并且从远古一直保存至今。在我国,尤其是北方民族中,无论是古代民族还是现代民族,都有萨满文化传统。古代民族如:鲜卑、突厥、女真、契丹等;现代民族主要有阿尔泰语系突厥语族民族、蒙古语族民族和满-通古斯语族民族,其中就有世居于呼伦贝尔地区的蒙古、达斡尔、鄂温克以及鄂伦春等民族。

目前,从全球范围而言,萨满文化在整体上处于濒危的状态,当今世界凡持有萨满文化传统的国家和地区,大多对它采取了国家保护的措施。国内外学术界对萨满文化多重学科的研究方兴未艾,近些年来,由于达斡尔族存在萨满和丰富的萨满文化仪式活动,更被国内外学术界看做是难得的文化化石,达斡尔族萨满和萨满文化逐渐成为国内外学术界研究的重中之重。

达斡尔族作为中国北方民族的后裔,从古至今一直有萨满文化传统,是我国萨满文化保留较好的民族之一,萨满文化在达斡尔族文化形成及发展演变进程中具有一定的历史作用。经过历代沉积和发展而形成的达斡尔族萨满文化体系,已经成为达斡尔族传统文化的重要组成部分,是达斡尔族民族文化的精粹。

萨满在萨满文化的传承和发展中扮演了特殊的角色。在萨满文化的传承和发展中,萨满的举足轻重的作用毋庸置疑。正是萨满在传播、发展萨满文化的过程中的特殊作用才使萨满文化得以传承和发展至今。

俄罗斯族"巴斯克节"

额尔古纳市复活节即"巴斯克节"(俄文译为"巴斯哈"Пасха),是华俄后裔一年中最隆重最热烈的节日之一,是节中之节。其重视、热烈程度不亚于汉族的春节。

复活节是东正教徒们为纪念耶稣(俄称"博荷")复活(耶稣被钉死在十字架上后,第三个星期日便复活)设立的节日。一般在每年公历4月下旬至5月上旬这段时间里。

"巴斯克节"不仅意味着耶稣复活了,而且是万物复活的迎春节日。过"巴斯克节"如同过春节一样,人们在节前十几天便开始忙碌,首先用上好的石灰将房屋粉刷一新,做到一尘不染。然后将圣龛及屋内精心布置装饰一番。除了传统的相框、壁毯、"格鲁热瓦"(针织装饰品)鲜花外,还要采上一些带"毛毛狗"的嫩柳枝用彩线或彩色布条扎成把,放在圣龛两边;同时做几束绢花或彩色纸花、塑料花点缀在圣龛周围;圣龛托板上铺一条三角形的,写有"Хрестос Вос"(即耶稣复活了)的饰帘。节日的前夕还要在圣像前点燃小蜡烛,供上彩蛋。节日前,家庭主妇还要精心选料,烤制出大量不同风味、不同造

型的面包、糕点，其中最值得一提的是"古里契"大蛋糕，上面用奶油和蛋清写着"ХВ"（即"基督复活了"的俄文缩写），此种蛋糕是节日期间敬奉圣母和招待宾客的上等食品，一般节前是不允许吃的。

"巴斯克节"一般要过一周，节日期间，男女老少都要将自己和家人精心地打扮一番，穿上最鲜艳的服饰，佩戴起自己最心爱的各种首饰。远在外地的亲人往往都要赶回来和家人一起过节团聚。节日期间人们还要到亲友家走访问候，如同汉族的拜年。见面时，无论男女老少都要按俄罗斯的礼节拥抱接吻，如果一方说"贺里斯多斯，瓦斯克列斯？"（耶稣复活了），另一方需回答："伊尺斯额，瓦斯克弄歇"（是的，复活了）。年轻人和孩童们兜里都装有几枚煮熟的彩蛋，见面要互相碰撞彩蛋，看谁的彩蛋更硬，输者要将自己的彩蛋送给对方，因此孩子们都要在家中几十枚彩蛋中精心挑选蛋壳最坚硬的带在身上，以便用来赢取他人的彩蛋。家中来了客人，主人也要以彩蛋款待。宾主间有时也要各选一个彩蛋碰一下，以示友好和节日祝福。

通常此节日热闹7天，节日里无论过去相互间有多少意见，多大的矛盾和怨恨，节日期间都将随着节日热烈的气氛而烟消云散。亲朋好友聚在一起轮流做东，相互的宴请，载歌载舞，开怀畅饮。

在过节的前一天人们都上山来到石头制作的刻有俄文（上天的意思）的十字架前磕头，祷告"上天"保佑平安。在巴斯克节的下周二，人们带着供品来到死者的墓地，在坟前与亲戚朋友一起进行吃、喝、唱、跳舞等活动，他们讲究不要冷落死去的人，要与他们一起欢度节日。活动结束之后便带些供品回来给岁数大的老年人送去，同时说："×××（去世人的称呼）叫我给您带来的"。这时乡亲们就会聚在这位长者家里玩得尽兴后方离去。

"巴斯克节"的渊源宗与教密切相关。一开始并不叫节

日，而叫宗教纪念日。随着时间的推移和长期生活在汉族人中间，以宗教为主流的色彩逐渐淡去，娱乐成为主流，这才演变成节日。成为人们一年当中最快乐的时刻，具有明显的广泛性和大众性。

鄂伦春篝火节

鄂伦春人非常敬仰和信奉火，视火如神。因为火对处于狩猎生产的人们而言，显得极其重要，尤其是对处于生活于北方寒冷地带的鄂伦春人，火是他们生存发展的一个重要前提。火不但是熟食、取暖的保障，也是抵御野兽的一种武器。每到喜庆佳节夜幕降临之际，鄂伦春人都要燃起篝火，进行祭拜火神活动。用手向上、向下弹酒表示敬天、敬地、敬火神，再往火中扔两块肉等，围着熊熊烈焰的篝火唱歌跳舞，进行传统体育比赛等活动，这样的祭祀活动逐渐演变成节日而延续下来。

根据鄂伦春人的这个传统习俗，1991年旗委、旗政府确定每年公历的6月18日为篝火节。每到这一天，各族兄弟同胞、社会各界知名人士以及来自各个乡镇、村屯的鄂伦春人会身着艳丽的民族服饰欣然前往篝火节场地，参与各项民俗活动。篝火节活动主要由开幕式、鄂伦春族传统体育比赛、篝火娱乐晚会三部分组成。其中传统体育叉鱼、采集、射击、迁徙等主要是由鄂伦春狩猎生活演变而来。篝火娱乐晚会便是整个篝火节的高潮，篝火晚会上，大家尽情地唱歌跳舞，欣赏乌兰牧骑表演的鄂伦春民歌，舞蹈，倾听猎民群众即兴"赞达仁"的演唱，观看动态淋漓的民间斗熊舞、松鸡舞不知疲惫的人们彻夜狂欢，直到天亮。在鄂伦春自治旗，篝火节已经成为鄂伦春民族交流传承民族民间文化艺术的盛会

鄂温克民间服饰

鄂温克族是古老的森林民族，又是跨国界民族，漫长的历史长河中，形成了三大部落。即："索伦、通古斯、使鹿"部落。主要分布在内蒙古自治区、黑龙江省和新疆等地，根据地域、环境的特殊性，形成了本民族独具特色的民族服装服饰。

一、索伦部落服装服饰分为四季服饰，冬天的鄂温克帽子用各种动物皮子制作而成，形状有尖顶、圆顶等样式。春秋和夏季戴别具风格的用呢子料和薄毡子做成的帽子，妇女喜欢带用银子和珍珠制作的头饰和挂饰。索伦鄂温克分为男女服饰，区别在于男装颜色多以素净、淡雅为主，领子及周边为云卷花，象征大自然，袖口也可带云卷花，旁开口，扎系腰带。女装颜色以艳丽多姿为主，领子周边及袖口也为云卷花图案，年纪大者一般不扎腰带，年轻的妇女一般都扎腰带，无论男女服饰冬季多为皮毛制作，春秋为棉服和带内衬的服装，夏季以绸缎制作，以单层布料为主。

鄂温克男女古时候穿自己用牛皮及各种动物皮毛做成带有云卷和铜钱花纹图案的靴子、冬季用毡子作为里子，现在一般都穿皮制靴子。

二、通古斯部落服装服饰，通古斯鄂温克人的帽子是用动物皮毛制作的尖顶护耳帽。春秋和夏季则戴别具风格的用呢子料、毡子做成的尤登帽。妇女喜爱带银子和珍珠制成的挂饰。

通古斯鄂温克妇女的长袍和穿戴有已婚和未婚的区别。未婚女子的长袍连袖而没有马蹄袖，腰间分割装饰条在腰的前后。大襟用蓝黑红三种颜色，象征大自然。已婚妇女的长袍是由灯笼式装袖，袖杂、腰围分别分割装饰，百褶裙组成。夏袍有内衬。冬天穿的长袍用各种皮毛制成。朝布是用呢子做成的衣服，一般在风雨天穿。冬天在长袍外穿达哈，用各种动物皮毛制作，毛朝外。达哈和朝布男女都穿。

通古斯鄂温克人男子服饰有大襟的镶边。颜色一般为蓝黑红为主。通古斯鄂温克男女穿同样的靴子，有一种是牛皮光面靴子，另一种是牛皮翻毛靴子，靴子里面是毡子或皮毛。穿靴子时穿毡毛袜或皮长袜。

三、使鹿部落服装服饰，使鹿鄂温克人以狩猎为主，所以在他们生活中，充分利用了各种动物皮，他们的衣服鞋靴被褥等都是用兽皮制作的。使鹿鄂温克妇女的服饰领子为大翻领带花边或者为毛边。颜色多为防鹿皮颜色，以及蓝色和绿色等，样式多为大衣或风衣。衣服边都带各种颜色的花边和毛边，还带骨制装饰、珍珠等花边制成，长度多为过膝盖部，一般不扎腰带。

男子服饰一般为立领和小翻领，颜色多为素净淡雅的花边和毛边制成，服装颜色多为仿鹿皮颜色，样式多为半长衣服为主，也可扎腰带。

冬季男女服饰多为各种动物皮毛制作。春秋季节穿去掉毛的皮制衣服或带内衬布料衣服，夏天女子穿裙子，头上包头巾，还喜欢带用珍珠和宝石、毛皮制成的头饰。冬季男女戴皮毛制作的帽子。无论冬夏，男女都穿狍皮靴子，冬靴是带毛的，夏靴是去掉毛的。他们认为这种靴子轻快结实，走路无声，适合在山林里走。

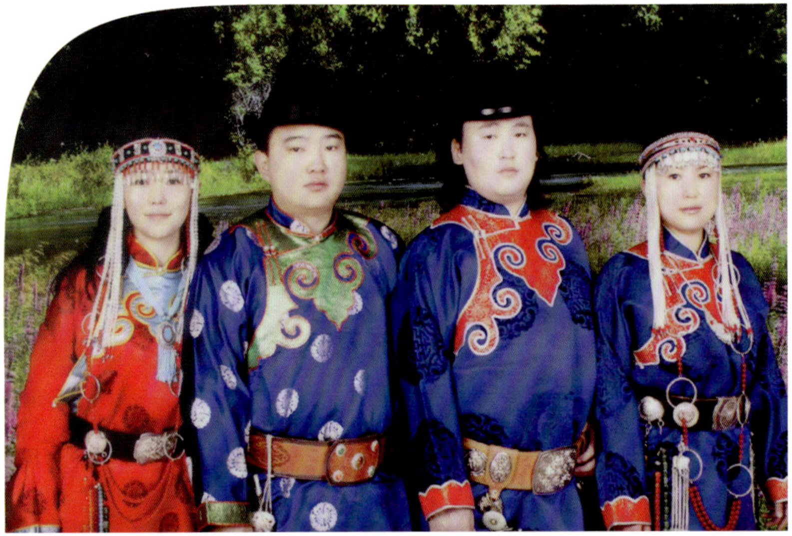

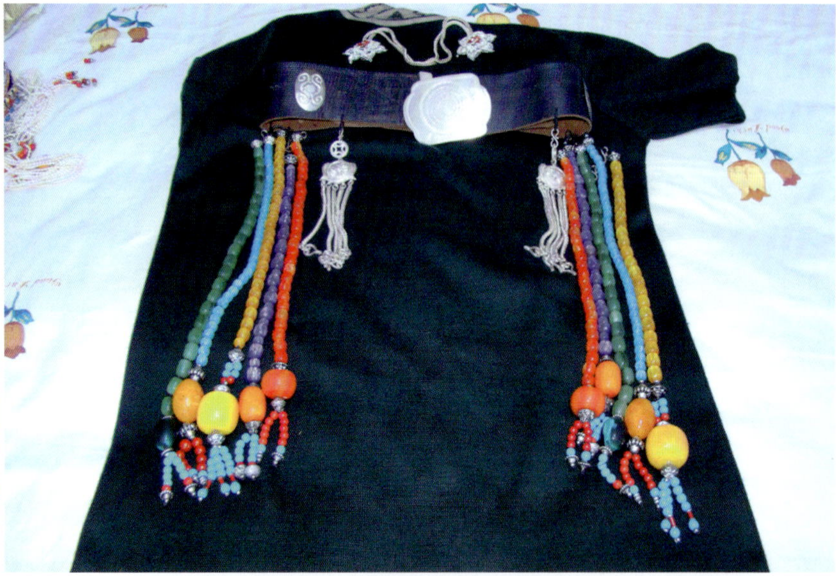

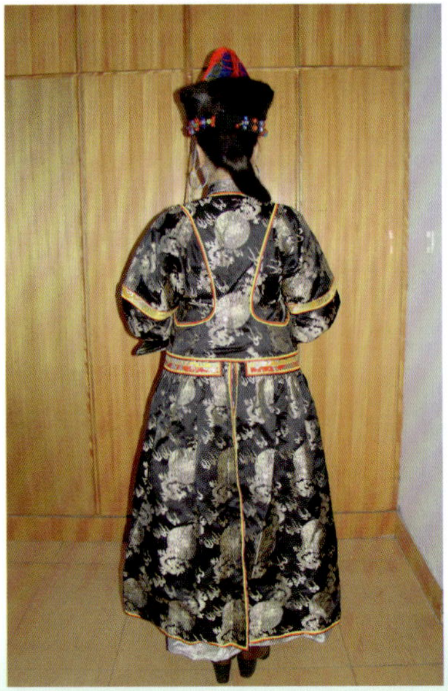

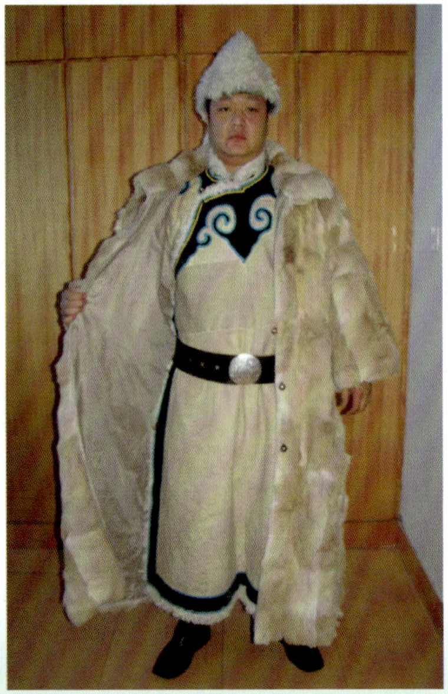

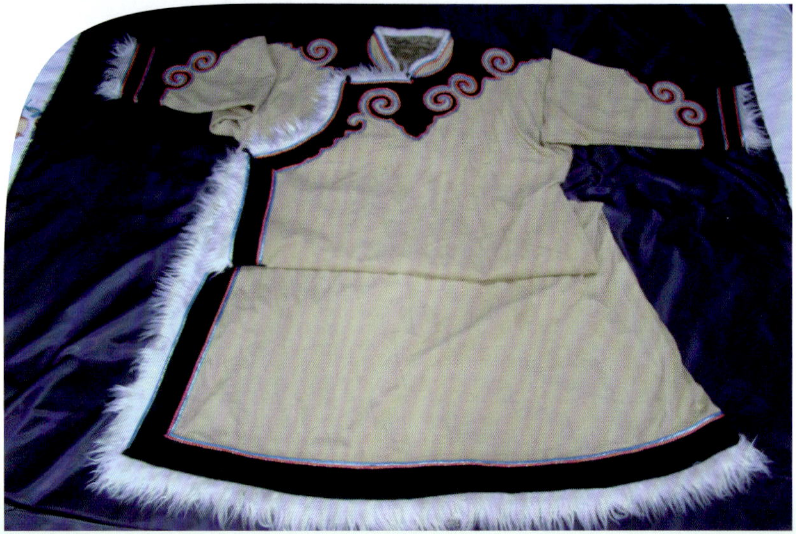

鄂温克萨满服饰及器具

敖鲁古雅鄂温克族猎民信仰萨满，崇尚万物有灵，萨满神服与萨满紧密相连，而萨满神服是萨满必备的服饰，萨满神服为萨满增添了神秘的色彩。

萨满神服有：神帽、神衣、神裙、神手套、神靴、腰铃、铜镜等饰物组成。敖鲁古雅鄂温克族猎民萨满神服其最大特点是服饰上配有驯鹿的装饰物。

萨满神服的神帽分内衬帽和外衬帽。内衬帽用鹿皮制成。神裙在左右两侧，上面挂有铁条等饰物，胸兜上有类似铜镜的圆形铜片。神裙上面还配有色调鲜艳的布条，充满神秘感。

鄂温克驯鹿习俗

敖鲁古雅鄂温克猎民拥有中国唯一的驯鹿种群,鄂温克猎民是驯鹿唯一的饲养者,史称"使鹿部"。这支使鹿民族与大自然融为一体,在历史的进程中,创造、发展和承载着中国最后一支狩猎民族的历史、文明和灿烂文化。

鄂温克民族在三百多年的民族发展历史中,敖鲁古雅鄂温克狩猎民族逐步形成了自己独特的使鹿文化。从单一的狩猎饲养发展到对鹿产品的开发利用,从宗教信仰到生活习俗,从图腾崇拜到民俗风情,从民族手工技艺制作到野生资源的合理利用等,都是他们智慧的结晶。使鹿文化与驯鹿的驯化史和鄂温克猎民发展史是紧密相连的。早在铜器和石器时代,敖鲁古雅鄂温克猎民与驯鹿结下了不解之缘。

敖鲁古雅鄂温克民族是中国最后一个以饲养驯鹿为生的民族,他们生活在内蒙古根河市敖鲁古雅乡和周围的深山密林中。在历史发展的进程中,逐步探索和实践产生了许许多多珍贵的使鹿文化。与宗教信仰、传统医药、民族语言等都有密切的联系。多年以来,敖鲁古雅鄂温克猎民常年居住在密林深处,靠狩猎和饲养驯鹿生产和生活,为"使鹿文化"、"狩猎文化"的形成打下了坚实的文化基础。旅游业的发展拉近猎民与外界的距离,同时也带动了鹿产品加工、民族手工艺品制作以及制酒等其他产业的发展,"敖鲁古雅"、"小猎神"、"老猎民"等品牌的民族产品先后打入国内外市场,有力地促进了民族经济的发展。目前已经有民族工业,传统手工艺制作,他们制作的桦树皮制品远销国内外，鹿铃春酒已成为主导产业，逐步形成以鹿产品的开发、生态旅游等为一体的使鹿文化部落。

敖鲁古雅鄂温克民族乡现有的猎民点目前还较好地保存着"使鹿文化"和"狩猎文化"的基本形态。独特的民俗民风、古朴自然的美丽风光和厚重的使鹿文化吸引众多的中外游客目光。敖鲁古雅乡党委、政府提出了"旅游业兴乡"的发展思路，先后举办了民族服饰大赛、鄂温克民族婚俗表演、驯鹿王评比等一系列独具特色的文化活动，积极引导鄂温克猎民从"狩猎经济"向以旅游业为主的民族经济转变。目前——中国·敖鲁古雅"使鹿部落文化节"在根河市敖鲁古雅鄂温克民族乡已经拉开帷幕。使鹿部落文化节第一次向世人展示了古老神秘的——"驯鹿习俗"。

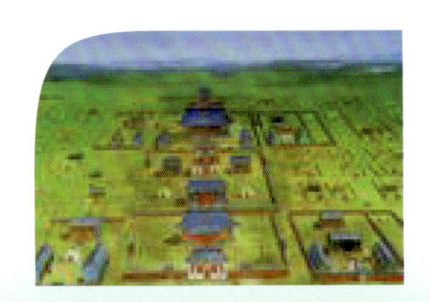

甘珠尔庙会

甘珠尔庙伊罗勒即祈愿大法会，按惯例是在六月份举行，为了举办盛大，与众庙不同，所以改在八月份举行。

这种法会历史悠久。起初，并不都在本庙举行，有时各在各庙中举办，有时多庙共同指定地点集体举办，但不管在哪个庙举办，都要办成一个声势大、有喇嘛、有商人和信徒参加的大型庙会。这种庙会，举办最盛时期是清朝光绪年间，每次聚集的喇嘛、信徒都在1500名以上，最多时达4000多名，加上群众参庙拜佛者及从事商业活动者，每年的庙会都在万人以上，1906年竟达40000多人，显得格外繁荣昌盛。

甘珠尔庙会，已有200来年的历史，早已形成固定的格局。时间在每年阴历八月初至中旬，一般进行九天（新中国成立后减到5—7天），是巴尔虎草原上八旗喇嘛隆重的庙会。在这九天里，除庙中法会之外，还有民族体育活动和繁华的商业集市，所以也是游牧地区人民都期望亲身参加的一次大会。过去或解放以后，都由地方最高行政官署出面维持秩序，长官亲自主持甘珠尔庙会（但不干涉喇嘛法会的活动）。

解放后，甘珠尔庙会的活动仍然继续进行，但不称庙会，而称"那达慕"大会，除一贯的经济交易活动外，又增添了摔跤、赛马、射箭、下棋等民族体育以及文艺表演。

甘珠尔庙在文化大革命中被毁，喇嘛们被批斗、解散，其庙会活动也终止。2001年，在新巴尔虎左旗各界人士的努力下，甘珠尔庙修复工程开工，并于2003年7月18日基本完工并举行开光仪式，从此恢复了每年举办的甘珠尔庙会。庙会第七天举行的敖包祭祀也改到庙会第一天在新立的呼硕敖包（旗敖包）进行。

2003年开始甘珠尔庙会都在按时举行，吸引了很多人目光，还成为了我地区的主要旅游基地之一。甘珠尔庙会充分表达了一个民族的习俗、信念，所以必须再接再厉发扬光大。

祭敖包

祭敖包是巴尔虎人重要祭祀仪式，认为敖包是神灵所居和享祭之地。分为旗敖包和氏族敖包。全旗群众祭拜的是"塔日亚土恩敖包"、还有每个氏族有各自的敖包。祭拜敖包时女人参加仪式。祭品主要有煮熟的羊头、羊内脏、牛肉、羊肉、酒、牛奶、奶茶、五谷、点心、糖块、罐头等。通过祭祀祈求风调雨顺、牛羊肥壮、国泰民安、百业兴旺。

巴尔虎人祭敖包分为三种。血祭，据传蒙古族在游牧时代，各家所有的牲畜系天地所赐，因此，为了报答诸神的恩赐宰杀牲畜，在敖包前供奉。酒祭，据传天地诸神不仅喜欢食肉，也喜欢饮酒喝奶子，故在祭祀时把酒或奶子洒在敖包供台前。火祭，据传蒙古族认为火可驱逐一切烦恼与邪恶，祭时牧民走近火堆（燃烧牛羊粪）边念着自家的姓氏，投祭品于火中。祭敖包时，首先前来祭祀的人们在装饰敖包上的树杈上挂哈达、五颜六色的绸带和经幡等物。祭祀开始，敖包长手捧哈达举着银碗酒敬敖包，而后带领祭祀的人们顺时针转走敖包三圈，众人放飞象征着吉祥、富裕、走运的"天马"图。接着众人手拿自己敖包上祭祀的食品听从请来祭敖包的博或喇嘛的念经祈求丰盛富裕（众人喊"呼日艾"）。仪式结束后，同时举行传统的民间竞技项目，赛马、射箭、摔跤等。

文化博览丛书·非遗卷

通古斯鄂温克服饰

通古斯鄂温克人是鄂温克民族三个部落之一，也叫哈木尼甘鄂温克人。他们的衣着服饰具有独特的款式。

男子和少女服饰都是平肩，肩部无缝制工序。但少女的服饰是贴身且衣裙是带褶皱。还有年老的男子和少女衣着的前衣襟上有猎户星座的装饰。象征着蓝天、绿草、土地和光芒，包含着敬拜和纯洁的含义。已婚妇女的服饰除衣裙带褶皱以外肩部隆起并外穿坎肩，而且参加喜庆节日或祭拜活动时已婚妇女必须穿上坎肩，已婚妇女的坎肩包含着尊重的含义，服饰的衣领竖起呈封闭式月芽状。还有顺着妇女衣裙边缘缝制约四指宽度的黑色边，象征着故乡的黑土。

少女平时编八辫头发，正中间的发辫根上佩戴镶嵌玛瑙的卡子。已婚妇女平时编两辫头发，发辫根上佩戴银质的"推比"，喜庆节日时辫子上佩戴发套。冬季时不分男女戴顶尖上缝制红穗子的帽子，红穗子象征着朝气，但送葬时给已故人戴上没有红穗子的帽子。夏季放牧时戴尤登，喜庆节日时戴顶尖上缝制红穗子的套如布其。妇女佩戴和套如布其配套的头饰"德日伯凯"。男子平时佩戴银质套的刀子，女子喜庆节日时衣裙两边佩戴银质的装饰。通古斯鄂温克人穿的靴子有卡木尼甘温塔、亚瓦堪温塔、伊日莫格其温塔。

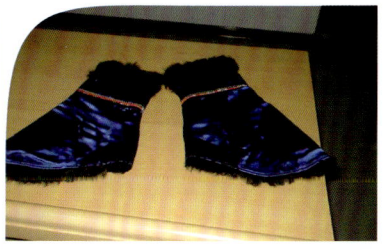

文化博览丛书·非遗卷

139

通古斯鄂温克萨满和伊达堪服饰

通古斯鄂温克人信仰萨满教。男巫师叫萨满、女巫师叫伊达堪。具有阿巴嘎拉戴（面具）、萨玛西卡（神服）、神具等法具。阿巴嘎拉戴是红铜制作的，上面粘贴有用黑熊毛制作的胡须。神服上有代表人体四肢骨骼的铜条，还有佩戴迈卡布其（神帽）、神兜兜、神灵图腾等部分。神帽上的神角代表萨满法术的高低；神兜兜正中间是代表胸骨的铜板，两边是代表肋骨的26根铜条。神具包括温涂棍（神鼓）、太布日（鼓槌）、神马、神马辫12个属相的陶利（大法镜和）和若干个小陶利。

通古斯鄂温克萨满的仪式有：跳神治病仪式（治病、驱鬼、驱灾难、为死者送魂、求子仪式）、途如仪式（被选中的萨满传承人祭天神、祭拜祖先、神服、神面具、求萨满法力或已成为萨满的传承人每三年进行的增高法力的仪式）祈求保佑生产丰收等活动仪式、祭敖包仪式等。这些仪式有相似的程序也有不同的程序，各种仪式都有跳神程序，但在神跳法、吟唱法、歌词、信徒伴唱等方式上都各有不同。

大型仪式上一般首先祷唱神歌，为羊洗礼后并宰杀，煮熟羊肉以后把羊肉如活羊卧式的形式放在木器里供要祭拜的神，同时萨满跳神请来操办仪式家族的祖先灵魂、给操作祭拜仪式家族的每个人员传达祖先的意愿。

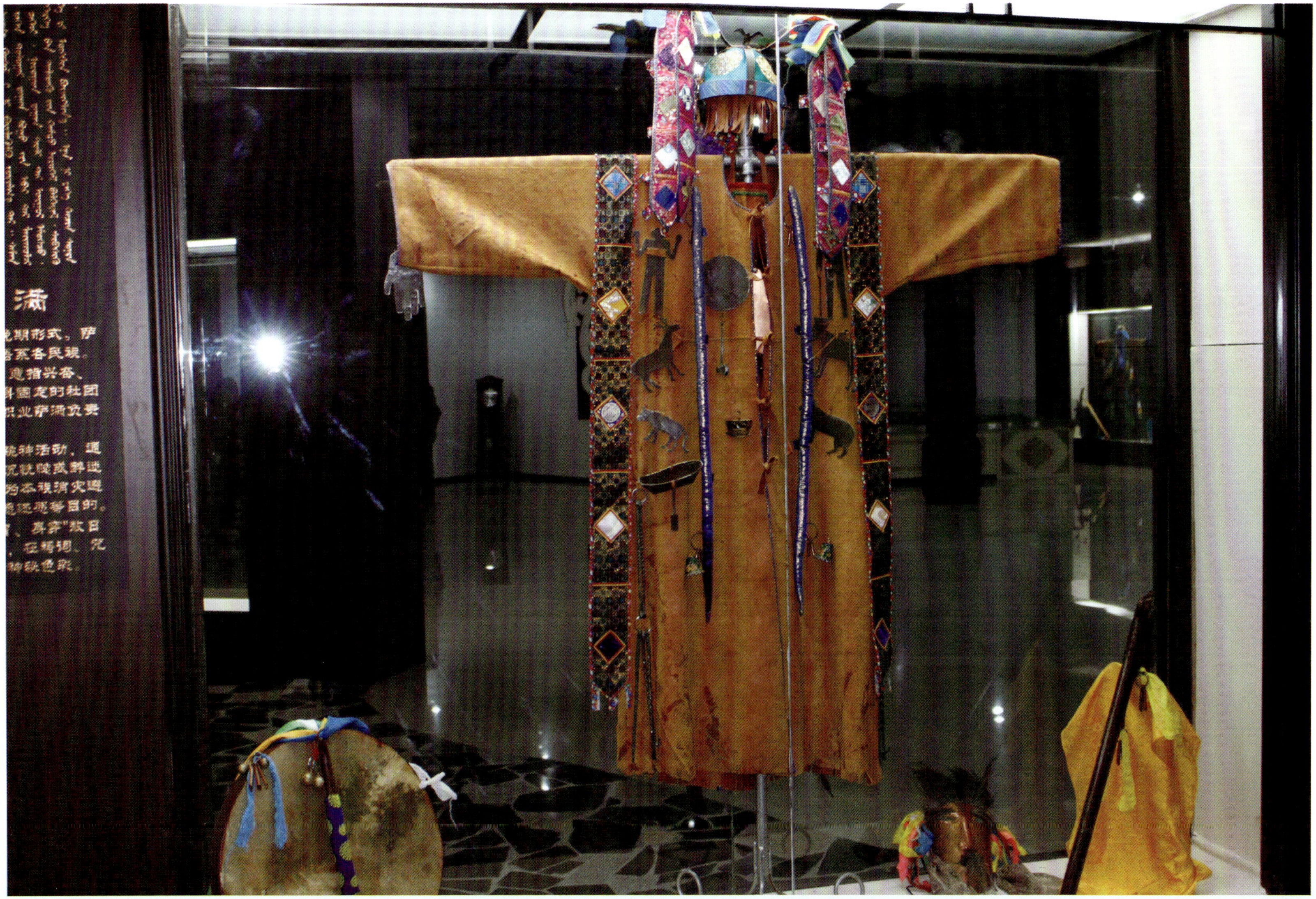

呼伦贝尔市基本情况介绍

呼伦贝尔市得名于境内的呼伦湖（亦称达赉湖）和贝尔湖，处于中华人民共和国版图上的雄鸡之冠，是内蒙古自治区最东部的地级市。呼伦贝尔地处东经115°31′－126°04′、北纬47°05′－53°20′，总面积为25.3万平方公里；呼伦贝尔毗邻东北老工业基地，北和西北部以额尔古纳河为界与俄罗斯接壤，西和西南部同蒙古国交界，素有"鸡鸣闻三国"的美誉。全市下辖1区5市7旗，49个镇，14个乡，9个苏木，37个街道办事处，首府所在地海拉尔区是全市政治经济和文化中心。全市共有43个民族，总人口272万人，少数民族人口50.4万人，占全市总人口的18.5%，是一个以蒙古族为主体的多民族聚居地区。主要有以下几个方面的特点：

一是地域辽阔。呼伦贝尔市总面积为25.3万平方公里，东西绵延630公里，南北总长达700公里，占自治区总面积的21.4%，占全国总面积的1/40，其面积相当于山东、江苏两省面积的总和，也相当于1个英国和6个瑞士的国土面积，是全国国土面积最大的地级城市。全市耕地总面积为1797万亩，占全市土地总面积的4.7%，人均耕地面积6.6亩。呼伦贝尔拥有世界上目前保存最为完好、纯天然、无污染的天然草原，是中国最大的，也是世界上最著名的天然草原之一，天然草场总面积1.26亿亩，占全市土地总面积的33%。大兴安岭纵贯呼伦贝尔中部，绵延千里，构成了呼伦贝尔林业资源的主体，呼伦贝尔市林地面积达到2.03亿亩，占全市土地总面积的53.4%，占自治区林地面积的75%。森林覆盖率50%，活立木蓄积量11亿立方米，占全区的75%、占全国的9.5%。天然草场、天然林地人均占有量均居全国之首。

二是历史悠久。早在二万年前，古人类——扎赉诺尔人就在呼伦湖一带繁衍生息，创造了早期的呼伦贝尔原始文明。自公元前200年左右至清朝，辽阔的呼伦贝尔草原孕育了中国北方东胡、匈奴、鲜卑、契丹、女真、蒙古等诸多游牧民族。公元1世纪，活动在境内鄂伦春旗一带的拓跋鲜卑族"南迁大泽"（呼伦湖），建立了强大的鲜卑部落联盟，并入主中原，建立了北魏王朝。13世纪，随着蒙古族的强大，成吉思汗统一了包括呼伦贝尔在内的整个蒙古高原，清朝康熙、雍正年间，呼伦贝尔地区被划为2个行政区，岭西称呼伦贝尔，岭东称布特哈。1945年日本投降以后，岭西地区建立了呼伦贝尔地方自治政府，1954年设立呼伦贝尔盟，2001年10月10日经国务院批准实现撤盟设市。

三是文化灿烂。正是由于呼伦贝尔历史发展独特轨迹，被著名历史学家翦伯赞先生誉为"中国北方游牧民族成长的历史摇篮"，东胡、匈奴、鲜卑、蒙古等诸多游牧民族在这里创造了灿烂的游牧文化，也被史学家们称为"中华文明的第三源"。呼伦贝尔是典型的民族区域自治地方，全国仅有的3个少数民族自治旗——莫力达瓦达斡尔族自治旗、鄂温克族自治旗、鄂伦春自治旗都在我市，全区19个民族乡呼伦贝尔市占到了14个。达斡尔、鄂温克、鄂伦春"三少"民族和俄罗斯族，民俗文化原始奇异，独具魅力。生活在这里的巴尔虎、布里亚特、厄鲁特蒙古族也以其独特的民俗文化区别于内蒙古其他地区的蒙古族，呈现出了蒙元文化、俄罗斯文化、鄂温克文化、鄂伦春文化、达斡尔文化等多民族文化活力四射、齐头并进、共同繁荣的发展格局。

四是风光无限。呼伦贝尔大草原、大森林、大水域、大冰雪、大口岸、大民俗共同构成呼伦贝尔大旅游。森林与草原交汇、绿夏与银冬交替、民族风情与历史文化交融，森林、草原、湖泊基本保持了原始风貌，使呼伦贝尔正成为世人瞩目的旅游热点地区，素有"绿色净土"、"北国碧玉"之称，国家确定生态建设示范区，是全国旅游二十胜景之一和全国六大景区之一，全国唯一的国家级草原旅游重点开发区，呼伦贝尔还荣获了CCTV2006年度"中国最佳民族风情魅力城市"称号。也形成了独具特色的主题旅游形象：呼伦贝尔—中国北方原生态旅游胜地、休闲旅游胜地。开发了以草原、森林、冰雪、河湖、口岸、历史文化、少数民族风情、异域风情为主的一批旅游景区景点，并围绕景区景点推出了一系列精品旅游线路，概括来讲为"一条黄金曲线、五条精品环线、两条特色单线、五大客流中心"。2010年全市共接待游客980万人次，旅游业总收入143亿元。

　　五是资源富集。呼伦贝尔市现有耕地1797万亩，天然草场1.26亿亩，天然林地2.03亿亩，人均占有量均居全区全国前列。森林覆盖率为50%，活立木蓄积量达到11亿立方米，占全区的97%、全国的9.5%，绿色、生态农牧林业久负盛名。境内有3000多条河流、500多个湖泊。水资源总量316.2亿立方米，其中地表水资源占全区的73%。探明各类矿产资源65余种、矿点500多处。全市煤炭远景储量近2000亿吨，探明储量1000亿吨，探明储量是东北三省总和的6倍；拥有得耳布尔和大兴安岭两个有色（贵）金属成矿带，海拉尔盆地石油资源富集。由于我市煤水组合优势明显，国家已把我市列为国家重要的煤电、煤化工基地和大型石油基地。石油预测总资源量10亿吨。野生动物500余种，占全区的70%以上，国家级保护动物30余种。有经济价值的植物多达500种以上。被誉为"北方野生动植物的天然王国"。

　　六是民风淳朴。呼伦贝尔地处祖国北疆，在其长期的发展进程中，已经基本完成了从原始游牧向现代文明的转变。但同时也完整地保留了呼伦贝尔人原始的热情、善良、淳朴的独特地区民族人文性格。从农区的发展来看，这里的人们有很多是自明、清时代就来到呼伦贝尔戍边的移民，也有后期迫于生计，从山东、江浙等内陆地区到呼伦贝尔谋求生存的贫苦百姓，经过几代、甚至几十代的融合发展，已经形成了呼伦贝尔独特的地区风格，也同时保留了地区淳朴勤劳的生活习惯和善良朴实的人文性格，成为呼伦贝尔地区民族大家庭的重要成员。呼伦贝尔林区多年来作为国家重点木材供应基地，为国家建设付出了辛勤的汗水，由此也形成了林区人的豁达、直率，甘于奉献的精神。而牧区作为蒙古族聚居的主要地区和繁衍地，热情、好客、勇敢在他们的身上体现的最为突出。

　　七是口岸集中。我市地处祖国北部边陲，分别同俄罗斯、蒙古国交界，边境线总长1733.32公里，是全国唯一的中俄蒙三国交界区。我市现有8个口岸对外开放，分别为满洲里铁路、公路、航空口岸，黑山头、室韦口岸（对俄），阿日哈沙特、额布都格口岸（对蒙古国）和海拉尔东山机场航空口岸。其中，满洲里口岸为全国最大的陆路口岸，是亚欧大陆重要的国际通道。这些口岸的开放形成了以满洲里口岸为龙头，黑山头、室韦、阿日哈沙特、额布都格口岸为两翼，海拉尔航空港为中心，布局合理的沿边开放带和铁路、公路、航空立体交叉全方位对外开放的格局，使呼伦贝尔市具备了成为国家向北开放前沿阵地的基础条件。

图书在版编目(CIP)数据

呼伦贝尔文化博览 / 金昭主编.—呼伦贝尔：内蒙古文化出版社，2011.11
ISBN 978-7-80675-962-2
Ⅰ.①呼… Ⅱ.①金… Ⅲ.①文化—概况—呼伦贝尔市 Ⅳ.①G127.263

中国版本图书馆CIP数据核字（2011）第237086号

呼伦贝尔文化博览

金昭　主编

内蒙古出版集团有限责任公司
出版发行　内蒙古文化出版社
(呼伦贝尔市海拉尔区河东新春街4-3号)
邮　　编　021008
网　　址　www.nmwhs.com
投稿信箱　dingyongcai@163.com
直销热线　0470-8241422
印刷装订　北京宝隆世纪印刷有限公司
责任编辑　丁永才　包文明
装帧设计　董焕琴　董丽娜等
开　　本　260×186毫米
印　　张　9
字　　数　10万
2011年11月第1版　2011年11月第1次印刷
印数　1-5000册

ISBN 978-7-80675-962-2
定价：980.00元